# GRILLREZEPTE

Das Große Gasgrill Koch

(Die Gasgrill Bibel Für Ein Erfolgreic ... Anfänger)

**Jürgen Mayer**

Herausgegeben von Alex Howard



*Grillrezepte: Das Große Gasgrill Kochbuch Für Männer (Die Gasgrill Bibel Für Ein Erfolgreiches Grillen Für Anfänger)*

ISBN 978-1-77485-040-4

Dieses Dokument zielt darauf ab, genaue und zuverlässige Informationen zu dem behandelten Thema und Themen bereitzustellen. Die Publikation wird mit dem Gedanken verkauft, dass der Verlag keine buchhalterischen, behördlich zugelassenen oder anderweitig qualifizierten Dienstleistungen erbringen muss. Wenn rechtliche oder berufliche Beratung erforderlich ist, sollte eine in diesem Beruf praktizierte Person bestellt werden.
- Aus einer Grundsatzerklärung, die von einem Ausschuss der American Bar Association und einem Ausschuss der Verlage und Verbände gleichermaßen angenommen und gebilligt wurde.
Es ist in keiner Weise legal, Teile dieses Dokuments in elektronischer Form oder in gedruckter Form zu reproduzieren, zu vervielfältigen oder zu übertragen. Das Aufzeichnen dieser Veröffentlichung ist strengstens untersagt und jegliche Speicherung dieses Dokuments ist nur mit schriftlicher Genehmigung des Herausgebers gestattet. Alle Rechte vorbehalten.
Die hierin bereitgestellten Informationen sind wahrheitsgemäß und konsistent, da jede Haftung in Bezug auf Unachtsamkeit oder auf andere Weise durch die Verwendung oder den Missbrauch von Richtlinien, Prozessen oder Anweisungen, die darin enthalten sind, in der alleinigen und vollständigen Verantwortung des Lesers des Empfängers liegt. In keinem Fall wird dem Verlag eine rechtliche Verantwortung oder Schuld für

## Inhaltsverzeichnis

# Einleitung

Im Sommer, wenn es draußen wieder warm ist, machen wir es uns in Mitteleuropa oft am Balkon oder im Garten gemütlich. Mit Freunden, der Familie und unseren Liebsten genießen wir dann ein paar tolle Cocktails oder Getränke und gutes Essen. Grillen liegt da natürlich nicht weit als Idee entfernt! Selbst auf einem kleinen 10-m²-Balkon lassen sich einige tolle Leckereien auf dem Feuer herbeizaubern. Und heutzutage ist es bei der Riesenauswahl an modernen Grillgeräten so einfach, selbst auf kleinstem Raum und in der Wohnung zu grillen.

Die meisten Menschen avancieren hinter dem Grill zu wahren Meisterköchen: Eifrig legen sie die Gerichte auf den Grill und warten darauf, dass alles schön durchgegart wird. Unzählige Tipps und Gerichte werden ausgetauscht, während sich die Aromen und der Geruch verbreiten. Grillen hat etwas ganz Besonderes! Und es müssen absolute nicht immer Fleisch-, Geflügel- oder Fischgerichte sein, die auf den Rost kommen! Die vegetarische Küche eignet sich nicht nur als Beilage sagenhaft gut für jede Grillparty, sondern besonders als aromatische und gut sättigende Hauptspeisen.

Für das vegetarische Grillen brauchen Sie im Grunde nur einen guten Grill und passende Grillausstattung sowie viel Lust am Ausprobieren von pflanzlichen

Rezepten. Die Vielfalt der vegetarischen Küche wird von vielen Menschen unterschätzt: Auf dem Grill lassen sich nicht nur die verschiedensten Gemüsesorten, sondern auch aromatische Fleischersatzprodukte, Gerichte aus Hülsenfrüchten und Pseudogetreidearten sowie sogar Obst als Dessert durchgaren. Und all das schmeckt sehr lecker, und die Zubereitungsweise ist sehr einfach!

Dazu können Sie selbst gemachtes Brot reichen und Ihre Gäste mit selbst hergestellten Salaten, Aufstrichen, Chutneys oder Soßen beeindrucken. Gerade aus Ölen, Käsesorten, Gemüsearten und Nüssen und Samen lassen sich sehr viele dieser Produkte in Sekundenschnelle zu Hause herstellen. Das Einzige, was Sie sich für die vegetarische Küche zulegen sollten, ist ein Hochleistungsmixer, der die verschiedenen Zutaten zu Cremes, Soßen oder Teig für Burger und Bratlinge verarbeitet.

Vegetarisch und Grillen sind dabei zwei, die sich zu einem perfekten Paar zusammengetan haben: Auf den Grill müssen nicht nur Fleisch, Geflügel und Co kommen, denn es gibt abwechslungsreiche und aromatisch schmeckende pflanzliche Lebensmittel, die mit ihnen mithalten können. Gerade in der heutigen Zeit, in der so viele Menschen Gewichtsprobleme haben oder an modernen Krankheiten wie Herz-Kreislauf-Beschwerden, Diabetes oder Karies leiden, wird es immer wichtiger, nährstoffreichen, vollwertigen und dabei gesunden Ersatz für die tierischen Produkte zu finden. Die vegetarische Küche

hat sehr viele Lebensmittel zu neuem Leben erweckt oder sie umfunktioniert, sodass garantiert immer etwas Interessantes und Neues für Sie dabei ist!
Lassen Sie sich also von diesem Buch dazu inspirieren, öfter mal Vegetarisches als Hauptspeise auf den Grill zu legen! Nicht nur Ihr Gaumen, sondern auch Ihr gesamtes Wohlbefinden wird es Ihnen danken.

# Ausstattung

Bei der Ausstattung für das Grillen sollten Sie sich am besten im Fachhandel nach guten Grillgeräten und Grillzubehör umsehen. Bei den Geräten bieten die unterschiedlichen Hersteller heutzutage Gas, Holzkohle- und Elektrogrills an. Die Differenzen sind dabei nur geringer Natur, und es ist eher eine persönliche Präferenz, auf welchen Sie setzen wollen.

**Gasgrill:** Er ist schnell, erreicht in kürzester Zeit sehr heiße und starke Temperaturen und entwickelt weniger Rauch als die Holzkohleversion. Dabei wird der Rost nur etwa 10 Minuten vorgeheizt, und dann hat man schon das perfekte Grillergebnis. Der Gasgrill kann einen bis vier Brenner haben und damit die Gerichte und Speisen langsamer oder schneller durchgaren. Um das Aroma der Speisen etwas an das urige, rauchige Aroma des Holzkohlegrills anzunähern, können aromatisierte Räuchereinsätze verwendet werden: Dabei werden Späne von besonders aromatischen Hölzern mitverbrannt, die das Gericht wie vom Holzkohlegrill schmecken lassen.

**Holzkohlegrill:** Er ist der Traditionalist unter den Grillgerätemodellen. Sein rauchiges Aroma verleiht den Gerichten den urigen Grillgeschmack. Zumeist haben diese Geräte einen Deckel, unter dem die Lebensmittel sehr gut durchgegart werden. Ein Nachteil ist hier, dass Sie gute Kohle oder Holzkohlebriketts benötigen, die lange durchhalten müssen. Schließlich soll der Grill ja einige Stunden in Betrieb sein. Holzkohle verbrennt dabei schnell und wird sehr schnell heiß, Briketts werden nicht ganz so heiß und brennen dafür länger. Spezielle Anzünder bekommen Sie für die Kohle in fester oder flüssiger Form. Verwenden Sie immer Grillanzünder, die die Kohle ziemlich schnell zum Glühen bringen. Bei einem gemütlichen Grillabend mit Freunden sind Grillbriketts die richtige Wahl. Sie brauchen etwas mehr Zeit, um die Kohle zu erhitzen, speichern die Wärme dafür jedoch länger.

**Elektrogrill:** Er wird eher auf Balkonen, die nah an anderen Wohnungen gebaut sind, verwendet. Das Grillen ist am Elektrogrill immer geruchsarm. Das Gerät kann tollerweise auch innerhalb der Wohnung verwendet werden und eignet sich daher auch bei Schlechtwetter sehr gut für das Grillen. Die Grillparty muss nicht abgesagt werden, sondern kann ganz einfach nach innen verlegt werden. Sie können diese Art von Grill auch nur bei Bedarf und kurzfristig an- und ausschalten, und so den ganzen Abend hindurch immer wieder frisch aufgrillen. Achten Sie beim Kauf auf hohe Wattzahlen: Diese sind für gute Ergebnisse sehr wichtig. Eine höhere Wattzahl bedeutet, dass der Grill eine kürzere Vorheizzeit hat.

Ein Grillgerät mit Deckel macht indirektes Grillen möglich. Diese Modelle finden Sie bei allen Arten von Grills: Elektro-, Gas- oder Holzkohlegrills. Gerade für das Grillen mit pflanzlichen Lebensmitteln ist ein Modell mit Deckel empfehlenswert: So müssen Sie die Lebensmittel nicht immer in Alufolie einwickeln und wenden, sondern die Gerichte werden unter dem Deckel von allen Seiten schön saftig durchgegart.

| Gasgrill | Holzkohlegrill | Elektrogrill |
| --- | --- | --- |
| schnell, heiß, stark, wenig Rauch | Klassiker, rauchiges Aroma | geruchsarm |
| Einer oder mehrere Brenner | Kugelgrill: Durch den aufgesetzten Deckel wird ein Rundumgrillerlebnis erreicht | in Innenräumen verwendbar |
| Räuchereinsätze möglich | Kohle oder Holzkohlebriketts notwendig | hohe Wattzahlen wichtig |

<u>Faustregel:</u> Jede Art von Grillgerät sollte immer genug Fläche für die Anzahl der Gäste, die Sie gleichzeitig mit Grillgut versorgen möchten, bieten.

Andere Punkte zur Grillausstattung:

Bei der Auswahl des Grillbestecks achten Sie darauf, dass es für die Spülmaschine geeignet und hitzeisoliert ist: Ein gutes Set besteht aus einer Grillzange, einem Pinsel aus Naturborsten, einem Grillthermometer und einem Grillkorb. Eventuell ist es noch ratsam, eine Gewürzspritze hinzuzukaufen, wenn Sie viele Soßen mit garen möchten. Mit dieser ist das Auftragen der Soßen und Gewürze um Vieles einfacher.

Besonders wichtig dabei ist die sogenannte Grillzange, mit der Sie die Lebensmittel auf den Rost geben und wenden. Sie muss auf jeden Fall über isolierte Griffe verfügen, damit Sie sich beim Hantieren nicht verbrennen, versengen oder verletzen. Die Greiffläche sollte gezahnt sein, damit Sie auch glatte Lebensmittel wie Seitan, Tofu oder andere gut angreifen können und Sie Ihnen nicht entgleiten. Ein Grillpinsel ist ein anderes wichtiges Accessoire der Grillausstattung: Mit ihm können Sie die Lebensmittel vor dem Platzieren auf dem Grill noch mit Marinaden, Dressings oder Gewürzen bestreichen. Am besten kaufen Sie hier Pinsel aus Naturborsten. Künstliche Borsten würden unter der Hitze wahrscheinlich verglühen oder etwas Feuer fangen.

Bei natürlichen Borsten kann das nicht passieren. Die Creme de la Creme der Grillausstattung ist ein sogenanntes Grillthermometer: Dieses lässt Sie den Garpunkt des jeweiligen Lebensmittels bestimmen. Für echte Profis gibt es am Markt digitale Thermometer, die Ihnen sogar passend zum Gericht die richtige Temperatur anzeigen. Mit einer Gewürzspritze können Sie Fleischersatzprodukte besonders gut und einfach würzen. Die Spritzen sollten wie die Pinsel hitzebeständig sein. Zur Grundausstattung des Grillens gehören auch Küchenrollen, Reinigungsmilch für den Grill und eine Drahtbürste, mit denen Sie das Grillgerät von Fett, Ruß und Glut befreien. Ein Rechen aus Eisen zum Verteilen der Kohle ist ebenfalls eine gute Investition.

Im Umgang mit Feuer sollten Sie auch für Ihre Sicherheit sorgen: Handschuhe, Schürze und

Löschdecke oder ein kleiner Feuerlöscher sind Teil der Grundausstattung.
Checkliste für das Grillen:
Hier eine kurze Checkliste für ein gelungenes Grillfest, bei dem Sie garantiert nicht ins Schleudern kommen:

- gesäubertes Grillgerät

Vorrat an Holzkohle oder Briketts
Vorrat an Streichhölzern oder Feuerzeugen
Vorrat an Zeitungspapier oder Grillanzünder
Lebensmittel 2 Tage vorher kaufen und vorbereiten
Beilagen 1 Tag vorher zubereiten (Brot, Dips, Salate ...)
Grillzange, Grillschürze und Grillhandschuh
Feuerdecke und Feuerlöscher
Brandsalbe
Teller, Besteck und Gläser und Schüsseln für die Gerichte
Sitzgelegenheiten
Küchenrollen, Servietten oder Haushaltspapier
Abstelltisch beim Grillgerät
Vorrat an alkoholischen und nichtalkoholischen Getränken sowie Eiswürfel
Beleuchtung, Fackeln oder Windlichter. Auch Lichter gegen lästige Mücken
Reinigungsausstattung für nach der Party

Einkaufsliste:
Schicken Sie die Einladungen für den Termin ca. ein bis zwei Wochen vorher an Ihre Bekannten und Freunde. Bestätigen Sie dann einmal die Anzahl der Gäste. Je

nach Anzahl können Sie dann die geeignete Menge an Lebensmitteln und Getränken kaufen. Am besten machen Sie sich dabei eine Einkaufliste.
Zwei Tage vor der Feier können Sie den Einkauf erledigen und einen Tag vorher die Gerichte, die nicht auf den Grill müssen, vorbereiten. So kommen Sie in keinen zeitlichen Stress. Zu diesen zählen vor allem Beilagen wie Brot, Salate, Soßen, Aufstriche, Chutneys oder Dressings. Kümmern Sie sich am Vortag auch um den Aufbau des Grillgeräts, samt Kochausstattung, die Sie zum Grillen brauchen.
Am selben Tag können Sie die Lebensmittel, die Sie grillen möchte, vorbereiten und sich um das Vorbereiten des Gästebereichs samt Deko kümmern. Sie sollten auch an eine Alternative denken, falls es an diesem Tag Schlechtwetter oder Regen gibt bzw. an Decken, falls es zu kalt wird.
Mit all diesen Vorbereitungen kann die Party nur mehr gelingen!

Must-have: Hochleistungsmixer

Wenn es ein Küchengerät gibt, das in der vegetarischen Küche nicht fehlen darf, dann ist das mit Sicherheit ein Hochleistungsmixer. Von Hochleistungsmixern wird dann gesprochen, wenn es über den normalen Rahmen von Smoothiegeräten hinausgeht. Smoothiemixer schaffen die weicheren Obst- und Gemüsesorten, um daraus sämige Getränke herzustellen. Sie haben meistens keine scharfe Klinge oder brennen aufgrund der Erwärmung schnell durch. Der Grund für die Anschaffung eines Hochleistungsmixers ist, dass viele

vegetarische Speisen aus Gemüse, Nüssen und Samen oder Hülsenfrüchten bestehen, und diese oft zu Suppen, Soßen, Mayonnaisen, Dressings, Cremes, Pürees, usw. weiterverarbeitet werden, sodass Sie mit einem guten Mixer anstatt eines Pürierstabs sehr viel schneller und effizienter arbeiten können.
Fragen Sie beim Kauf auf jeden Fall nach, ob das Gerät auch trockene Hülsenfrüchte, Nüsse und Samen zerkleinern kann, und eine sehr scharfe Klinge hat, sodass Sie sich beispielsweise Ihre Hülsenfruchtmehle und Pflanzenmilch zu Hause selbst zubereiten können, anstatt diese teuer im Fachhandel oder Supermarkt zu kaufen.
Was macht nun einen guten Hochleistungsmixer aus? Die Auswahl der Hersteller gleicht einem undurchschaubaren Dickicht. Wichtige Kriterien sind auf jeden Fall die Drehzahl, die Leistung und die Messerqualität. Der Behälter sollte nicht aus Plastik, sondern aus Glas sein, sodass Sie heiße Suppen oder Pürees zubereiten können, ohne dass durch den Kontakt mit Plastik Giftstoffe freigesetzt werden.
Beim Zubereiten von eher härteren Lebensmitteln wie Nüssen, Samen oder Hülsenfrüchten schafft es ein Hochleistungsmixer, diese Art von Nahrungsmitteln in ihre noch so kleinsten Bestandteile zu zerlegen. So können Sie Ihr Nuss- oder Samenmus selbst zu Hause herstellen. Daraus lassen sich vor allem für die Grillpartys sehr schmackhafte Soßen oder Aufstriche im Handumdrehen herstellen. Mit dem Hochleistungsmixer können Sie auch das im Handel so

teure Getreidemehl von spezielleren Sorten wie Grünkern oder von Hülsenfrüchten, wie Kichererbsen sehr preiswert selbst zu Hause herstellen. Für diese trockenen Lebensmittel könnten Sie auch separat eine Getreidemühle anschaffen, aber das muss nicht sein, wenn Sie schon in einen Mixer investieren. Aus den Hülsenfrüchten lassen sich vor allem Bratlinge und Burger machen, die Sie beim Grillen verwenden können.
Normale Haushalts- oder Küchenmixer schaffen es nicht, größere Mengen an Lebensmitteln oder härtere Nahrungsmittel zu zerkleinern. Ihr Motor überhitzt, und bei oftmaliger Verwendung brennt er durch. Bei Hochleistungsmixern sind die Umdrehungszahlen höher. Sie sollten sie am besten mit einem Glasbehälter, ab einer Umdrehungszahl von mindestens 1500/Minute und einer Wattstärke von 1000 kaufen, um die bestmöglichen Ergebnisse zu erhalten. Glas ist hier hygienischer und keimfreier als Kunststoff, vor allem, wenn es sich um erwärmte oder warme Lebensmittel handelt.

## Vorwort

Endlich ist es wieder soweit! Für viele von uns ist es die schönste Zeit im Jahr: Die Grillsaison! Viele einzigartige Grillpartys und entspannte Grillabende mit den Freunden gehören da einfach dazu.

Mit diesem Buch möchte ich Ihre Grillabende noch ein Stück unvergesslicher und einzigartiger machen. Ich werde Ihnen nicht nur die besten Grillrezepte für Fleisch, Fisch, Geflügel und Meeresfrüchte zeigen, sondern Ihnen auch ausgefallene und leckere Rezeptideen für Gemüse, Pizzen und exotischen Grillsaucen mit an die Hand geben. Mit 100 Grillrezepten aus aller Welt ist wirklich für Jeden etwas dabei! Begeben Sie sich auf eine kulinarische Weltreise und entdecken Sie, was die internationale Grillküche alles zu bieten hat. Natürlich ist ist neben den Fleischliebhabern, auch für die Vegetarier gesorgt. In einem extra Kapitel mit vegetarischen Rezepten können Sie sich von der Schmackhaftigkeit der veganen- und vegetarischen Rezepten selbst überzeugen.
Dazu bekommen Sie auch noch ein paar einzigartige Profitipps, mit denen Sie alle Ihre Gäste auf der nächsten Grillparty sicherlich positiv überraschen können.
Lernen Sie endlich auf welche Details Sie achten müssen und welche Fehler sie unbedingt vermeiden müssen um einen unvergesslichen Grillabend zu erleben. Wussten Sie zum Beispiel, dass das typische Grillaroma gar nicht vom Fleisch stammt, sondern von der verwendeten Holzkohle abhängig ist? Auch der Standort des Grills kann ein entscheidender Faktor für eine gelungene Grillparty sein. Dies und vieles mehr erfahren sie im Laufe dieses Buches. Auch zum Thema Sicherheit gibt es einige goldene Regeln, die sie

unbedingt beachten sollten damit Sie sich und ihre Gäste nicht gefährden.
Werden Sie jetzt zum Grillprofi und begeistern Sie ihre Freunde mit ihrem neuen Wissen und Fähigkeiten!
Worauf warten Sie also noch? Werfen Sie schon einmal den Grill an und laden Ihre Freunde ein. Es ist an der Zeit ein paar unvergessliche Abende mit Ihren Freunden zu verbringen.
Ich wünsche Ihnen jetzt schon einmal viel Spaß beim Lesen und natürlich einen besonders guten Appetit!
***Ihr*** *Oliver König*

## Die Geschichte des Grillens

Grillen zählt zu einer der beliebtesten Freizeitbeschäftigungen. Sobald das Wetter wieder wärmer wird, sieht man nahezu täglich die dicken Rauchschwaden der Grills durch die Nachbarschaft ziehen. Grillen, das ist weit mehr als nur Fleisch, Fisch oder Gemüse auf den Rost zu packen. Grillen ist eine Lebenseinstellung, welche in jedem Land der Welt mit Freuden praktiziert wird. Ungeachtet des hohen Beliebtheitsgrades ist Grillen kein Kind unserer Zeit. Im Gegenteil! Die Geschichte des Grillens ist ungefähr so alt wie die Geschichte der Menschheit selbst. Mit der Entdeckung des Feuers vor über 300.000 Jahren ergab

sich für den Menschen eine ganz neue Methode der Nahrungszubereitung. Statt das erlegte Tier roh zu essen, konnte man die Fleischstücke jetzt über dem Feuer braten und garen. Das Grillen wurde geboren. Das revolutionäre Verfahren brachte mannigfaltige Vorteile mit sich. Die Nahrung konnte besser und leichter gegessen werden und blieb darüber hinaus länger frisch.
Die Kunst des Grillens entstand nahezu zeitgleich in verschiedenen Regionen der damaligen Welt. Forscher und Archäologen fanden altertümliche Feuerstellen im chinesischen und französischen Raum, aber auch in Rom und in Südamerika. Aus ihren Entdeckungen geht allerdings hervor, dass die praktizierten Grillmethoden stark voneinander abwichen. So benutzte man in China und Frankreich beispielsweise „Grillsteine“, in Rom Vorläufer eines Grillrostes und in Argentinien Eisenstangen.
Ein gemütlicher Grillabend kann auch als Barbecue bezeichnet werden. Über die Bedeutung der Begrifflichkeit existieren heutzutage zahlreiche Spekulationen. Man geht davon aus, dass sie aus dem Vokabular eines karibischen Eingeborenenstamms entstammt. Die Wiege des Barbecue ist ganz klar Amerika. Dort bereitete man bereits vor der Entdeckung durch Columbus Tiere über dem Feuer zu. Durch die Sklaverei konnte das Barbecue auch in den Südstaaten der USA Fuß fassen. Die afrikanische Sklaven brachten die Grill- und Garmethoden ihrer Heimat mit in die „neue Welt“ und sorgen dadurch für

eine weitere regionale Ausdehnung des Grillens. Es erscheint schon mehr als ironisch, dass einer der beliebtesten Zeitvertreib der Amerikaner aus dem Kulturgut der Afroamerikaner entstammt.
In der Mitte des 20. Jahrhunderts erlebte das Grillen eine Neuerung, welche den „Hype“ abermals entflammte und dessen Verbreitung anstachelte. Die Rede ist von der Erfindung des Kugelgrills durch den Amerikaner George Stephan. Während man zuvor das Fleisch auf offenen Grills zubereitete, konnte man das Grillgut während der Zubereitung jetzt verschließen. Im Verlauf dieses Zeitfensters kam das Grillen auch nach Europa und hat dieses Gebiet (zum Glück) bis heute nicht mehr verlassen.

## Welche Arten von Grills gibt es?

Das Geschäft um die Grills boomt. Im Baumarkt oder in den Elektrofachgeschäften reihen sich die begehrten Artikel dicht an dicht. Ein Blick in die Regale führt vor Augen, dass Grill nicht gleich Grill ist. Es gibt sie in verschiedenen Größen, Materialien und Preisklassen. Verwiesen sei hierbei auf den Schwenkgrill, den Kugelgrill, den Smoker, den Kamingrill, den Holzkohlegrill, den Gasgrill oder den Elektrogrill. Ein jeder zeichnet sich durch ein anderes Einsatzgebiet sowie ein abweichendes Grillergebnis aus. Aber welcher Grill passt zu Ihnen? Im Folgenden wollen wir Ihnen den Elektrogrill, den Gasgrill und den klassichen Holzkohlegrill einmal kurz vorstellen.

Elektrogrill:

Der Elektro- oder Kontaktgrill arbeitet, wie die Produktbezeichnung bereits vermuten lässt, mit erwärmten Heizspiralen. Offenes Feuer und Holzkohle werden Sie hier vergeblich suchen. Im Gegensatz zum klassischen Holzkohlegrill ist der Elektrogrill vom Stromnetz abhängig. Obgleich ein Großteil der eingefleischten Grillgemeinde dem Elektrogrill eher skeptisch gegenübersteht, hat der Grill dennoch seine Vorteile. So erlaubt der Apparat beispielsweise ein Grillen auf dem Balkon oder in geschlossenen Räumen. Aufgrund dieses Tatsachenbestandes muss man selbst in Wohnungen ohne Garten oder in den Wintermonaten nicht mehr auf das geliebte Grillgut verzichten. Darüber hinaus sind Elektrogrills problemlos anzuwenden, mühelos zu reinigen und preisgünstig in der Anschaffung.

Gasgrill:

Wer „stilecht" grillen und die Nachbarn nicht mit Rauch und Grillgeruch belästigen möchte, der trifft mit dem Gasgrill eine gute Wahl. Hierbei handelt es sich um die gekonnte Symbiose zwischen Elektro- und Holzkohlegrill. Leckere Steaks und Würstchen auf Knopfdruck? Mit einem Gasgrill ist das kein Problem. Dank der vereinzelten Knöpfe, Drücker und Hebel erlaubt Ihnen der Gasgrill ein rasantes und flexibles Grillerlebnis. Der Gasgrill ist mehr als nur ein klassischer Rost. Er ist eine moderne Grillstation mit mannigfaltigen Einsatzflächen für paralleles Grillen. Doch wo Licht, da auch Schatten. Für die Nutzung der vorteilhaften Geräte benötigen Sie Gasflaschen. Diese sind nicht überall erhältlich und häufig zu den ungünstigsten Momenten leer.

Holzkohlegrill:

Oldie but Goldie! Die Mehrheit der passionierten Griller schwört auf den guten alten Holzkohlegrill. Ein Blick in die Gärten der Nachbarschaft führt vor Augen, dass die traditionelle Grillmethode nach wie vor dominiert. Bei dieser Grillmethode kommt in erster Linie Holzkohle und offenes Feuer zum Einsatz. Das auf diese Art und

Weise erzielte Raucharoma der Grilladen ist unübertroffen in verkörpert für Viele den Inbegriff des Grillens. Obgleich man gelegentlich etwas auf sein Essen warten muss, wird der Grillfreund dem Holzkohlegrill immer den Vorzug geben. Aufgrund der immensen Popularität des guten alten Klassikers eignen sich die folgenden Grillrezepte primär für die Zubereitung auf dem Holzkohlegrill.

# Curry-Ketchup

ERGIBT ETWA 1 GLAS
VORBEREITUNGSZEIT: 15 MIN.
ZUBEREITUNGSZEIT: 30 MIN.

1½ kg Tomaten
1 Knoblauchzehen, geschält und gehackt
1½ Zwiebel, fein gewürfelt
100 g brauner Zucker
100 ml Apfelessig
60 ml Rapsöl
1 EL Salz
1 TL Kurkumapulver
1 EL Currypulver

ZUBEHÖR:
PÜRIERSTAB
EINMACHGLÄSER

Tomaten vierteln. Beiseitestellen.

2 EL Rapsöl in einer tiefen Pfanne bei mittlerer Hitze erhitzen, Zwiebel und Knoblauch dazu geben. Für 2 Min. anbraten. Tomatenviertel, Zucker und Apfelessig hinzufügen. Mischung unter konstantem Rühren 30 Min. einkochen lassen.

Mischung mit einem Pürierstab und dem restlichen Öl auf höchster Stufe zu einer cremigen, glatten Masse pürieren. Curry- und Kurkumapulver untermengen und gut vermischen. Abgefüllt in einen luftdichten Behälter hält sich der Ketchup bis zu 1 Woche im Kühlschrank.

## Tonic mit Minze

16 EL Rohrzucker
Saft von 3 Zitronen
1 Handvoll frische Minze, fein gehackt
2 Liter Tonic Water
Alle Zutaten zusammen in einem großen Krug vermischen und durchrühren. Mit etwas Eis servieren.

# Brot zum Grillen mit Parmesan-Knoblauch-Füllung

Dauer: 60 Minuten

Portionen: Für 1 Brotlaib

Zutaten:
450g Mehl
1 Würfel Hefe
150ml warmes Wasser
2 Teelöffel Zucker
2 Esslöffel Meersalz
2 Esslöffel Olivenöl
3 Möhren
3 Knoblauchzehen
2 Esslöffel Butter
50g gerieben Parmesan
3 Teelöffel Kräuter der Provence

So wird es gemacht:
Hefe und Zucker im warmen Wasser auflösen. Für 15 Minuten ziehen lassen.
In der Zwischenzeit Möhren schälen, waschen und fein raspeln. beiseite legen.
Mehl, Hefewasser, Salz, Öl und Kräuter in eine Schüssel geben und vermengen. Knoblauch schälen, waschen, sehr fein hacken und ebenfalls in die Schüssel geben.

Zu einer homogenen Masse verarbeiten. Für 45 Minuten zugedeckt ruhenlassen.
In der Zwischenzeit die die andere beiden Knoblauchzehen schälen, waschen und fein hacken. Parmesan, Butter und Knoblauch in eine Schüssel geben und miteinander vermengen.
Die Hände leicht anfeuchten und aus der Masse eine Teigrolle formen. Einen kleinen Spalt öffnen und das Gemisch füllen und anschließend wieder zu formen. Für weitere 20 Minuten ruhenlassen.
Das Brot für 30 Minuten auf dem Grill backen.

# Hackspieße mit Barbecuesauce

Zutaten

Für die Sauce:
1Zwiebel
6 ELKetchup
1 ELHonig
Thymian, fein gehackt
1 TLIngwer, gehackt
1Knoblauchzehen
1 ELBalsamico
1 TLgemahlenen Koriander
1 ELRapsöl
Salz und Pfeffer

Für die Spieße:
3Frühlingszwiebeln
1 m.-großeKarotte
600 ggemischtes Hackfleisch
2 ELSenf
1 ELPaprikapulver
2Eier
8 ELSemmelbrösel
2 ELgehackte glatter Petersilie
Salz und Pfeffer
12 Spieße

Zubereitung

**Für die BBQ-Sauce:**
Die Zwiebel fein hacken, die Knoblauchzehe schälen und pressen. Zwiebel und Knobi mit Ketchup, Honig, Thymian, Ingwer, Balsamico, Koriander Rapsöl vermengen, mit Salz und Pfeffer abschmecken.

**Für die Spieße:**
Frühlingszwiebeln in feine Ringe schneiden, Karotte schälen und fein würfeln. Bundzwiebel, Karotte, Hackfleisch, Senf, Paprikapulver, Eier, Semmelbrösel und Petersilie in einer großen Schüssel gut vermengen, mit Salz und Pfeffer abschmecken.
Den Hackfleischteig gleichmäßig auf 12 Spieße verteilen und gut festdrücken. Auf dem heißen Grill ca. 10 - 12 Minuten grillen, dabei öfter mit der Sauce bestreichen.

# Schweinefilets mit Chili und Orange

Zutaten:

2 Schweinefilets
1 Orange
2 Chilischoten
½ Limette
etwas Öl
etwas Tomatenmark

Zubereitung:
Orange und Limette waschen, schälen (Orange) und pressen.
Chilischoten zerkleinern.
Chili, 1 EL Öl, Limettensaft, Orangensaft und Tomatenmark zusammenfügen und umrühren.
Fleisch marinieren.
3 Stunden in den Kühlschrank geben für 15 Minuten auf den Grill geben gelegentlich umdrehen.

# Biftèki-Spieße

Dauer: 20 Minuten

Portionen: Für vier Personen

Zutaten:

500g Hackfleisch

1 EL Tomatenmark

1 EL Paniermehl

2 EL Oregano

½ TL Piment

½ TL Kreuzkümmel

1 Prise Salz

1 Prise Pfeffer

1 Prise Paprikapulver

1 Prise Cayennepfeffer

1 Zwiebel
1 Ei

So wird es gemacht:

Zwiebel schälen, waschen und fein hacken. Hackfleisch, Tomatenmark, Panier, Gewürze und Ei in eine Schüssel geben und zu einer homogenen Masse verarbeiten.

Nun die Zwiebeln dazugeben und wieder gut vermengen.
Die Hände leicht anfeuchten und kleine Laibe formen.
Holzspieße in die Laibe stecken.
Auf den Grill geben und für 10-15 Minuten grillen und dabei mehrmals wenden.

# Sesam-Chili-Salz

Zutaten: für 35 g
2 EL geschälte Sesamsaat
2 TL grobes Meersalz
½ TL Chiliflocken

Zubereitung:

Die Sesamsaat in einer Pfanne ohne Zugabe von Fett goldgelb rösten. Abkühlen lassen. Sesam, grobes Meersalz und Chiliflocken in den Mörser geben und mit dem Stößel fein zerstoßen.

# Hummus (Vegan)

Zutaten für 4 Personen:

400 g Kichererbsen (Dose)
2 EL Tahin-Paste
2 Knoblauchzehen
1 Chilischote
1 ½ Zitronen
1 Bund Petersilie
2 EL Olivenöl
Kreuzkümmel
Meersalz, Pfeffer, Chilipulver

Zubereitung:

Kichererbsen abwaschen und in eine hohes Gefäß geben. Knoblauch schälen und zerkleinern. Zitrone waschen, halbieren und auspressen. Tahin-Paste sowie Olivenöl ebenfalls ins Gefäß geben und alles zu einer Creme verarbeiten.
Bei Bedarf noch 2 EL Wasser dazugeben, um eine bessere Cremigkeit zu erhalten. Chilischote fein hacken, nach Belieben vorher noch entkernen zwecks Schärfe!
Petersilie waschen und fein hacken. Chili, Petersilie, Salz und Pfeffer, Kreuzkümmel und Chilipulver zum Humus geben und alles gut verrühren.

# Honig-Senf-Sauce

ERGIBT ETWA 1 GLAS
ZUBEREITUNGSZEIT: 5 MIN.

100 g Mayonnaise
2 EL mittelscharfer Senf
1 EL Dijon Senf
3 EL Honig
½ EL Zitronensaft
Salz und Pfeffer

Senf und Honig vermengen. Mayonnaise und Zitronensaft zugeben und zu einer cremigen Sauce verrühren. Mit Salz und Pfeffer würzen.

# Knoblauchsoße

800 ml Naturjoghurt
75 g Remoulade
3 Knoblauchzehen, gepresst
Saft 1 Zitrone
1 TL Senf
Salz und weißer Pfeffer zum Abschmecken

Den Joghurt in eine Schüssel geben und die Remoulade dazu leeren. Gut miteinander vermischen. Nun die anderen Zutaten dazugeben und zum Schluss mit Salz und Pfeffer abschmecken.

Die Soße passt sehr gut zu allen vegetarischen Grillgerichten.

# Tomate mit Feta vom Grill

Dauer: 10 Minuten

Portionen: Für zwei Personen

Zutaten:
2 Tomaten
200g Fetakäse
1 Esslöffel Petersilie
1 Esslöffel Olivenöl
1 Knoblauchzehe
1 Prise Salz
1 Prise gemahlenen Pfeffer

So wird es gemacht:
Alufolie bereitstellen und dieses in rechteckige Förmchen formen. Mit dem Olivenöl bepinseln.
Tomaten waschen, Strunk entfernen und in dicke Scheiben schneiden. Käse ebenfalls in dicke Scheiben schneiden und auf dem Förmchen schichten. Zwischen den Schichten jeweils immer ganz wenig Petersilie verteilen.
Knoblauch pressen und Olivenöl, Salz und Pfeffer in eine Schüssel geben und miteinander verquirlen. Diese Flüssigkeit über Tomaten und Käse verteilen.

**Die Förmchen auf einen Grill legen und für 15 Minuten dort stehen lassen.**

## Tofu - Spieße

Zutaten

250 gTofu
10 ELSojasauce
1 1/2 TLTofu-Gewürz, gibt es im Reformhaus)
1 TLGaram-Masala Gewürzmischung
1 TLgemahlener Ingwer
1 TLChili - Flocken
150 gKirschtomaten
Paprikapulver
Pfeffer

**Zubereitung**

Schneiden Sie den Tofu in Würfel schneiden (ca. 1,5 x 1,5 cm groß) und geben Sie ihn in eine Schüssel mit Deckel.
Dann die anderen Zutaten (außer den Tomaten) dazugeben. Mit dem Paprika-Pulver bitte sparsam umgehen, da er beim Grillen sonst bitter wird!
Schließen Sie den Deckel und schütteln Sie vorsichtig drauf los, bis sich alle Zutaten vermischt haben.
Den Tofu ca. 2 - 3 Stunden marinieren lassen. Anschließend abwechselnd mit den Tomaten auf Holzspieße aufspießen und zu guter Letzt grillen.

# Hochrippe an Ginger-Mustard-Marinade

Zutaten:
2 Scheiben Hochrippe vom Rind
8 Scheiben Bacon
4 Tomaten
3 EL Ginger Ale
Öl
Salz
Pfeffer
Mustard (Senfpulver)

Zubereitung:
mit einem Messer an mehreren Stellen in den Fettrand schneiden
Mustard vorsichtig zum Ginger Ale geben und umrühren
Öl untermischen
salzen und pfeffern
Hochrippe gut marinieren und etwas ruhen lassen
Tomaten waschen, schneiden und salzen
Grill vorbereiten (Rost einölen)
Fleisch für 15 Minuten auf den Grill geben
gelegentlich wenden
Tomaten und Speck auf den Grill legen.

# Gegrillte Couscous

Dauer: 50 Minuten

Portionen: Für vier Personen

Zutaten:

Salz und Pfeffer

2 EL Olivenöl

200g Couscous

50g Pinienkerne

½ Bund Petersilie

1 Bund Frühlingszwiebeln

30g Sultaninen

1 TL Paprikapulver

1 TL Zimt

So wird es gemacht:

250ml Salzwasser mit Öl zum Kochen bringen. Vom Herd nehmen und Couscous dazugeben. Etwas umrühren und anschließend 5 Minuten zugedeckt köcheln lassen. Anschließend in eine Schüssel geben und mit einer Gabel auflockern.
Pinienkerne in einer Pfanne ohne Öl rösten.

Petersilie waschen, trocknen, zupfen. Zwiebeln putzen, waschen und fein Schneiden.
Couscous mit Pinienkernen, Petersilie, Zwiebeln, Sultaninen, Paprikapulver, und Zimt mischen. Mit Salz und Pfeffer würzen.
Tomaten waschen. Deckel abschneiden und entkernen.
Tomaten mit Couscous füllen. Mit Salz und Pfeffer abschmecken. Deckel drauf setzen.
Tomaten auf einer leicht geölten Einweg-Aluminium-Grillschale auf dem mittelheißen Grill 10 Minuten grillen.

# Biermarinade

Zutaten:
1 Zwiebel, klein geschnitten
100 ml Bier Ihrer Wahl
50 ml Rapsöl
20 ml Apfelessig
Prise Pfeffer und Salz

Zubereitung:

Die Zwiebel anbraten, mit dem Bier ablöschen und kräftig aufkochen, sodass ein wenig Alkohol herauskocht. Öl und Essig dazugeben und auskühlen lassen. Würzen mit Pfeffer und Salz. Die Biermarinade eignet sich sehr gut für Schweinekoteletts und Kurzgebratenes.

# Arabische Sauce

Zutaten:

100 g Rosinen
100 g eingelegte Senffrüchte,
2 hart gekochte Eier
50 g Tomatenmark
2 EL Honig
Saft von 1 Orange
1 EL Essig,
1 Döschen Safran
50 Gramm Mandelstifte
5 EL Olivenöl
Frisch gemahlener schwarzer Pfeffer

Zubereitung:

Die Rosinen mit kochend heißem Wasser begießen und quellen lassen. Die Senffrüchte sehr fein hacken.
Die Eier schälen und je einmal quer und längs durch den Eierschneider drücken oder entsprechend schneiden.
Die Rosinen fest ausdrücken und klein hacken. Rosinen, Senffrüchte und Eier zusammen mit den anderen Zutaten. In einer Schüssel verrühren und pikant abschmecken.

# Hotdog-Baguette

FÜR 4 PERSONEN
ZUBEREITUNGSZEIT: 15 MIN.
GRILLZEIT: 5 BIS 7 MIN.

4 Hotdog-Würstchen aus Rindfleisch, je etwa 100 g
4 Baguettes, der Länge nach zur Hälfte aufgeschnitten
ein viertel Eisbergsalat, in feine Streifen geschnitten
4 eingelegte Gurken, fein gewürfelt
4 EL Remoulade
4 TL Tomatenketchup
4 TL mittelscharfer Senf
4 EL Röstzwiebeln

Die Hotdog-Würstchen mehrmals schräg einschneiden.
Den Gasgrill für direkte mittlere Hitze (180–230 °C) erhitzen.
Die Würstchen über direkter mittlerer Hitze bei geschlossenem Deckel 5–7 Min. grillen, bis sie außen ein leichtes Grillmuster angenommen haben und innen heiß sind, dabei gelegentlich wenden. In der letzten Minute die Baguettes mit der Schnittfläche nach unten über direkter Hitze rösten.
Die Baguettes von innen mit Remoulade bestreichen, Hotdogs verteilt in die Brötchen legen. Gurken, Röstzwiebeln und Salat gleichmäßig darauf verteilen. Mit Ketchup und Senf beträufeln und warm servieren.

# Kokos-Chilimarinade

300 ml Kokosmilch
2 rote Chilischoten, entkernt, ohne Stielansatz, fein gehackt
150 ml Wasser
Saft von 2 Zitronen
2 Zwiebeln, fein gehackt
2 Knoblauchzehen, fein gehackt
5 EL Sojasoße
1 Schuss Tabasco
4 EL Öl
Alle Zutaten in einem Hochleistungsmixer zu einer flüssigen Marinade pürieren.

# Gefüllte Paprika vom Grill

Dauer: 30 Minuten

Portionen: Für vier Personen

Zutaten:
2 Paprikaschoten
2 Tomaten
1 Bund Lauchzwiebeln
100g Schafskäse
1 Prise Kräuter der Provence
1 Prise Salz
1 Prise Pfeffer
1 Prise Chilipulver

So wird es gemacht:
Paprika waschen, Strunk entfernen, längs halbieren und entkernen.
Tomaten waschen, Strunk entfernen und klein hacken. Lauchzwiebel waschen und klein schneiden. Schafskäse abtropfen lassen und fein würfeln. Diese drei Zutaten in eine Schüssel geben und mit den Gewürzen abschmecken und alles gut miteinander vermengen. Anschließend die Paprikahälften damit füllen.
Auf dem Grill braten und erst dann von dort nehmen, wenn der Käse anfängt zu schmelzen.

# Veganes Grillsteak

Zutaten

Für den Kochsud

2 lWasser
4Sojasteaks
3 ELGemüsebrühepulver
2 ELPaprikagewürz, edelsüß
Etwas Salz
frisch gemahlen Pfeffer

Für die Marinade

Salz
Bratöl
Paprikagewürz, scharf
Sojasoße

Paprikagewürz, edelsüß
Pfeffer, frisch gemahlen
Petersilie (optional)
Gewürzmischung (optional)
Sojamehl (optional)
Chilipulver (optional)
Bohnenkraut (optional)

Zubereitung

Erst den Kochsud

Bringen Sie 2 l Wasser mit Gemüsebrühepulver und eventuell weiteren Gewürzen zum Kochen. Die Brühe muss überwürzt sein.
Lassen Sie nun die Sojasteaks darin ca. 15 Minuten köcheln, bis sie weich sind.
Anschließend die Steaks mit Krepppapier gut trocknen.
Nun die Marinade (die schnelle Variante)

Die Steaks mit Gewürzen (z.B. Salz, Pfeffer, Paprika edelsüß und scharf, Zwiebel, Knoblauch, Bohnenkraut und/oder mit fertiger Gewürzmischung) bestreuen und diese einreiben.
Sojasauce darüber geben und wieder einreiben.
Nun genügend Bratöl darüber geben und nochmal einreiben.
Dann die Steaks wenden und von der anderen Seite genauso würzen.
Anschließend braten oder grillen Sie die Steaks.

**Die „Ich-habe-Zeit-Variante“**

In einer Schale mit großer Fläche eine Marinade anrühren aus Bratöl, etwas Sojasauce, Sojamehl und diversen Gewürzen (sehr viel: Paprika edelsüß, viel: Paprika scharf, Pfeffer, Salz, Chili, Zwiebel, Knoblauch, etwas weniger: Cumin, Majoran, Oregano, Petersilie) oder fertige Gewürzmischungen (Gyros, Steak, Gulasch, Barbecue, Chili sin carne etc).
Die Steaks darin am besten ganz bedeckt mit Öl darin einlegen. Je geringer die Menge Öl, desto öfter macht es Sinn, die Marinade umzurühren und die Steaks zu wenden.
Je länger die Steaks darin liegen, desto besser ziehen sie durch.
Die Steaks nun 1-2 Tagen ziehen lassen, dann sind sie optimal.

# Zucchini-Käse-Spieße

Zutaten:

350 g Feta
2 Zucchini
2 TL Oregano
125 ml Olivenöl
1 TL Zitronensaft
etwas Salz
etwas Pfeffer

Zubereitung:

Käse würfeln
Zitronensaft, Oregano, Salz, Pfeffer und Öl vermengen
Käse mit Gemisch gut beträufeln
Zucchini in Streifen hobeln
aus Zucchini und Käse „Päckchen“ formen
Päckchen auf Zahnstocher aufspießen für wenige Minuten auf den Grill legen

# Selbstgemachter Tsatsiki

Für 600 g Sauce / Zubereitungsdauer ca. 15 Minuten
Zutaten:
1 Salatgurke
2 Zwiebeln
5 Knoblauchzehen
300 g Joghurt (mindestens 10% Fett)
200 g Quark mindestens 20% Fett)
2 EL Olivenöl
4 EL heller Balsamicoessig
Prise Pfeffer und Salz

Zubereitung:

Die Gurke mit der Schale in kleine Würfel schneiden. Die Zwiebeln ebenfalls klein schneiden. Den Knoblauch fein reiben. Joghurt, Quark, Öl und Balsamico gut verrühren und die klein geschnitten Zutaten: unterheben. Tsatsiki mit Pfeffer und Salz abschmecken.

# Leberspieße mit Preiselbeer-Meerrettich-Sahne

Zutaten für 4 Personen:

400 g Kalbsleber
1 Apfel
100 g dünne Räucherspeckscheiben
1 Zwiebel
Saft von ½ Zitrone
3 EL Pflanzenöl
4 cl Weinbrand
Je 1 Prise gemahlener Salbei und getrockneter Thymian
Salz und schwarzer Pfeffer

Für die Preiselbeer-Meerrettich-Sahne:

200 ml süße Sahne
50 g Preiselbeeren
1 TL Meerrettich
2 EL Pflanzenöl
Salz

Zubereitung:

Kalbsleber waschen, trockentupfen und in dünne Scheibchen schneiden. Apfel schälen, vierteln, entkernen und Stücke schneiden. Jedes Apfelstück mit etwas Räucherspeck umwickeln. Zwiebel schälen, vierteln, nochmals quer halbieren und in Schichten brechen.
Die vorbereiteten Zutaten abwechselnd auf Holz- oder Metallspieße stecken. Zitronensaft, die Hälfte des Pflanzenöls und den Weinbrand mit Salbei und Thymian verrühren.
Leberspieße damit einpinseln. Die Leberspieße auf den heißen Grill legen und von allen Seiten ca. 10 Minuten grillen. Dann erst salzen und pfeffern.
Für die Preiselbeer-Meerrettich-Sahne: Sahne steif schlagen, Preiselbeeren und Meerrettich unterrühren. Danach das Öl dazugeben und etwas Salz dazugeben gut verrühren.

# New York Strip Steak

FÜR 4 PERSONEN
ZUBEREITUNGSZEIT: 15 MIN.
GRILLZEIT: 6 BIS 8 MIN.

FÜR DIE VINAIGRETTE:

1 EL fein gewürfelte Schalotten
60 g Gorgonzola, zerbröckelt
1 TL Dijon-Senf
2 TL Rotweinessig
20 Kirschtomaten, geviertelt
4 EL fein gehackte frische Basilikumblätter

4 Rindersteaks, je 300–350 g schwer und 2,5 cm dick
Salz und Pfeffer
Rohrzucker
Olivenöl

Den Gasgrill für direkte starke Hitze (230–290 °C) erhitzen.
Die Fettseite der Steaks kreuzweise einritzen und leicht mit Öl einreiben. Anschließend mit Rohrzucker bestreuen und kräftig mit Meersalz würzen.
Schalotten, Essig, Senf, eine Prise Salz und Pfeffer in einer mittelgroßen Schüssel verrühren. 2 EL Olivenöl langsam unterschlagen. Gorgonzola, Tomatenviertel und Basilikum hinzufügen und vermischen.

Die Steaks über direkter starker Hitze bei geschlossenem Deckel bis zum gewünschten Gargrad grillen, 6–8 Min. für rosa/rot bzw. medium rare, dabei ein- bis zweimal wenden. Die Steaks vom Gasgrill nehmen und 5 Min. ruhen lassen. Steaks in schmale Streifen schneiden und mit Pfeffer würzen. Auf Tellern anrichten, Vinaigrette darüberlöffeln und sofort servieren.

# Himbeer-Chutney

600 g Himbeeren
3 Zwiebeln, fein gehackt
2 Knoblauchzehen, gepresst
1 Chilischote, entkernt, fein gehackt
200 g Rohrzucker
1 TL Salz
2 TL Kurkuma
1 TL Nelken
2 Stück Sternanis
1 TL Senfsaat
250 ml Apfelessig
3 EL Pflanzenöl

In einer größeren Pfanne in etwas Öl die Zwiebeln, den Knoblauch, die Chilischote, die Senfsaat und den Ingwer glasig andünsten. Danach mit dem Essig ablöschen und den Zucker vorsichtig dazu gießen. Der Zucker sollte sich vollständig auflösen.

Danach die Gewürze, Kräuter und die Himbeeren dazugeben. Für ca. 20 Minuten auf mittlerer Hitze köcheln lassen. Sobald die Beeren weich gekocht sind, mit einer Gabel zerdrücken.

Danach abkühlen lassen.

# Gemüsepäckchen für den Grill

Dauer: 15 Minuten

Portionen: Für vier Personen

Zutaten:
1 Zucchini
12 Kirschtomaten
1 Kugel Mozzarella
1 Esslöffel Kräuterbutter
1 Esslöffel italienische Kräuter
1 Esslöffel Olivenöl

So wird es gemacht:
Zucchini waschen, Enden abschneiden und würfeln. Tomaten waschen und halbieren. Mozzarella in mundgerechte Würfel schneiden. Alle drei Zutaten in eine Schüssel geben und mit Olivenöl und Kräutern vermengen.
Aus einem Stück Alufolie eine kleine Schale formen und diese mit der Mischung füllen. Auf jedes Stückchen Alufolie etwas Kräuterbutter geben.
Für 15 Minuten auf den Grill geben.

# Maiskolben mit Honig und Feta

Zutaten:
2 Maiskolben
40 g Honig
120 ml Feta
2 EL Olivenöl
etwas Salz
etwas Pfeffer

Zubereitung:
Maiskolben für 15 Minuten auf den Grill geben
gelegentlich mit Honig bepinseln
Mais in Scheiben schneiden
Mais mit Salz, Pfeffer und Olivenöl verfeinern.

# BBQ-Bacon Royal

Dauer: 20 Minuten

Portionen: Für vier Personen

Zutaten:

4 Burgerbrötchen

800g Hackfleisch

1 TL Kreuzkümmel

1 TL Chiliflocken

1 TL Cayennepfeffer

1 TL Pfeffer

1 EL BBQ-Sauce

1 Zwiebel

8 Scheiben Bacon

4 Scheiben Schmelzkäse

4 Scheiben Tomaten

4 Salatblätter

4 EL Mayonnaise

So wird es gemacht:

Hackfleisch mit den Gewürzen in eine Schüssel geben und zu einer homogenen Masse verarbeiten. Hände

leicht anfeuchten und aus der Masse 4 gleichgroße Buletten formen. Buletten auf einem Grill von beiden Seiten für 3 Minuten grillen. Mit Salz und Pfeffer abschmecken, Schmelzkäse jeweils draufgeben, kurz schmelzen lassen und anschließend beiseite stellen.
Bacon auf den Grill geben und anrösten.
Brötchen halbieren und auf dem Grill kurz anrösten. Untere Hälfte mit Saucen bestreichen, Salat, Bulette, Zwiebel und Tomaten belegen. Zuklappen und warm genießen.

# Kichererbsen Burger

Dauer: 20 Minuten

Portionen: Für vier Personen

Zutaten:

200g Kichererbsen

1 Zwiebel

2 EL Olivenöl

2 Eier

150g Magerquark

3 EL Olivenöl

100g Semmelbrösel

4 EL Petersilie

1 EL Rosmarin

2 Knoblauchzehen

1 EL Olivenöl

1 Prise Salz

1 Prise Pfeffer

So wird es gemacht:

Kichererbsen über Nacht einweichen lassen. Am Tag darauf für 15 Minuten in einen Topf geben und kochen.

Zwiebel schälen, waschen und fein würfeln. Öl in einer Pfanne erhitzen und die Zwiebeln darin glasig andünsten.
Kichererbsen abtropfen lassen. Kichererbsen, Eier, Olivenöl, Brösel, Zwiebel, gepressten Knoblauch, Kräuter und Gewürze in eine Schüssel geben und miteinander vermischen und zu einer homogenen Masse verarbeiten.
Hände leicht anfeuchten und aus dem Teig vier gleichgroße Bulette formen.
Buletten auf einen Grill geben und von beiden Seiten kurz anbraten.

# Walnuss-Gremolata

Zutaten für 6 Portionen
75 g Walnusskerne
1 Knoblauchzehe
1 Bund glatte Petersilie
Schale von ¼ Bio-Zitrone
Prise Salz und Pfeffer
1 EL Olivenöl

Zubereitung:

Walnüsse in einer Pfanne ohne fett anrösten, auf einem Teller abkühlen lassen. Knoblauch schälen. Petersilieblätter abzupfen. Walnüsse, Petersilie, Knoblauch, dünn abgeschälte Zitronenschale, etwas Pfeffer und Salz in einem Blitzhacker geben und fein pürieren. Olivenöl dazu geben und kurz mixen, evtl. mit Pfeffer und Salz abschmecken.

# Kalbsspieße mit Nudel-Päckchen

Zutaten für 4-5 Personen:

4 große, dünne Kalbsschnitzel (á ca. 200 g)
Salz
frisch geschroteter schwarzer Pfeffer
2 Knoblauchzehen
2 EL scharfer Senf
1 Bund gemischte Kräuter (Petersilie, Schnittlauch, Dill, Kerbel)
Saft von ½ Zitrone
50 ml Olivenöl

Für die Nudel-Päckchen:

500 g bunte Farfalle
Salz
50 ml Olivenöl
½ Bund Dill
40 g Kaviar oder Seehasenrogen
frisch gemahlener weißer Pfeffer
Saft von 1 Zitrone

Zubereitung:

Die Kalbsschnitzel in etwa 2 cm breite und etwa 10 cm lange Streifen schneiden. Die Fleischstreifen mit Salz und Pfeffer würzen und auf einer Arbeitsfläche auslegen.
Die Knoblauchzehen schälen und durch eine Presse zum Senf drücken. Die Kräuter von den Stängeln zupfen, waschen und trocknen.
Kräuter, Zitronensaft, etwas Olivenöl und Knoblauch-Senf miteinander verrühren. Jeden Fleischstreifen mit Kräuterpaste bestreichen und zu einer Schnecke aufrollen.
Die Fleischschnecken auf 4 sehr große oder 8 kleinere Spieße stecken. Mit dem übrigen Olivenöl bepinseln und auf den heißen Grill legen. Unter ständigen Wenden in ca. 15 Minuten grillen.
Für die Nudel-Päckchen: Die Nudeln Salzwasser mit etwas Olivenöl bissfest garen, abschrecken und tropfen lassen. Dill waschen, trocknen.
Dill, Kaviar, Pfeffer und Zitronensaft mit ausreichend Olivenöl verrühren. 8 große Alufolienblätter auf einer Arbeitsfläche auslegen und mit Olivenöl bepinseln.
Die Nudeln mit der Kaviarmischung locker vermengen und in die Mitte der Alufolienblätter geben. Die Seiten hochschlagen und oben verschließen.
Die Nudel-Päckchen auf dem Rand des Holzkohlengrills platzieren und nach ca. 10 Minuten als Beilage servieren.

# Spaghetti mit Fleischbällchen

FÜR 4 PERSONEN
ZUBEREITUNGSZEIT: 15 MIN.
GRILLZEIT: ETWA 10 MIN.

ZUTATEN FÜR DIE FLEISCHBÄLLCHEN:

500 g Hackfleisch vom Rind
25 g jap. Panko-Paniermehl (Asia-Laden)
1 EL fein gehackte frische Oreganoblätter
1 Knoblauchzehe, fein gehackt
1 Ei (Größe L)
Salz und Pfeffer

ZUTATEN FÜR DIE SPAGHETTI:

500 g Spaghetti
700 ml Pastasauce Tomaten-Basilikum (Aus dem Glas)
frisch geriebener Parmesan
1 Knoblauchzehe, fein gehackt
1 Zwiebel, fein gewürfelt

Den Gasgrill für direkte mittlere Hitze (180–230 °C) erhitzen.
Für die Pasta einen großen Topf Wasser aufsetzen und eine Prise Salz hinzugeben.

Die Zutaten für die Fleischbällchen in einer großen Schüssel
behutsam, aber gründlich vermischen. Aus der Hackfleischmasse
8 gleichmäßig große Bällchen formen.
Die Fleischbällchen über direkter mittlerer Hitze bei geschlossenem Deckel etwa 10 Min. grillen, dabei mehrfach wenden.
Spaghetti in den Topf mit kochendem Salzwasser al dente kochen. Inzwischen Olivenöl in einer tiefen Pfanne bei mittlerer Hitze erhitzen, Zwiebel, Knoblauch und Kapern dazu geben. Für 2 Minuten anbraten, dann die Tomaten hinzufügen und einmal durchschwenken. Pastasauce hinzugeben und 10 min köcheln lassen. Die gegrillten Fleischbällchen in die Sauce einlegen und unterrühren. Nudeln abgießen, mit der Sauce und den Fleischbällchen vermischen und heiß mit frisch geriebenem Parmesan servieren.

# Feuriger Linsenaufstrich

200 g Linsen (eingeweicht und gekocht oder aus dem Glas)
2 EL Olivenöl
Saft 1 Zitrone
1 TL Curry, gemahlen
1 TL Kurkuma, gemahlen
1 TL Kreuzkümmel, gemahlen
1 TL Koriander, gemahlen
1 Prise Chili, gemahlen
1 Prise Cayenne, gemahlen
Salz und Pfeffer zum Abschmecken
Alle Zutaten in einem Hochleistungsmixer zu einem cremigen Mus verarbeiten.
Zum Schluss mit Salz und Pfeffer abschmecken.

# Gegrilltes Gemüse

Dauer: 40 Minuten

Portionen: Für zwei Personen

Zutaten:
2 Zucchini
1 Paprikaschote, rote
1 Paprikaschote, gelbe
1 Zwiebel
2 Kartoffel
120ml Olivenöl
2 Knoblauchzehen
1 Zweig Thymian
2 Zweig Rosmarin
1 Prise Salz

So wird es gemacht:
Zucchini waschen und in ½cm dicke Scheiben. Zwiebel schälen ½cm dicke Scheiben schneiden.
Paprikaschoten vierteln. Kartoffeln schälen und in dünne Scheiben schneiden.
Öl in einer Pfanne erhitzen. Knoblauchzehen fein hacken. Knoblauch, Salz und gehackte Kräuter in die Pfanne geben. Kurz andünsten. Gemüse hinzugeben und 2 Stunden durchziehen lassen. Dabei mehrmals gut umrühren.
Alufolie mit Olivenöl bepinseln, das Gemüse darauf verteilen und unter gelegentlichem Wenden knusprig

grillen. Mit Salz abschmecken.

# Forelle vom Grill

Zutaten:
4 Forellen
1 Knoblauchzehe
4 EL Dill
6 EL Zitronensaft
7 EL Öl
etwas Pfeffer

Zubereitung:
Dill hacken und Knoblauch pressen
alle Zutaten (außer Forellen) zusammenfügen und gut verrühren
Forellen reinigen und gründlich außen und innen marinieren
für 1 Stunde in den Kühlschrank geben
Forelle auf angeheizten Grill legen und beidseitig 10 Minuten angrillen
gelegentlich marinieren

# Gefüllte Buletten-Spieße

Zutaten für 4 Personen

800 g Schweinehack
4 EL Ajvar
1 rote Chilischote
2 Knoblauchzehen
2-3 Eier
1 EL Paprikapulver edelsüß
Prise Salz und Pfeffer
Semmelbrösel zum Binden
200 g Schafskäse
2 grüne Paprikaschoten
8-10 Schalotten
Salzwasser zum Blanchieren
Olivenöl zum Bestreichen
Kräuterzweige zum Garnieren

Zubereitung:

Das Schweinehack mit dem Ajvar in eine Schüssel geben.
Die Chilischote halbieren, entkernen, waschen und fein würfeln. Die Knoblauchzehen schälen und fein hacken. Mit dem Chili zum Hackfleisch geben.
Die Eier dazugeben, mit Paprikapulver bestreuen, salzen, pfeffern und alles zu einer glatten, kompakten Masse vermengen.

Die Hackfleischmasse mit Semmelbröseln leicht binden und kleine Kugeln abdrehen.
Den Schafskäse in Würfel schneiden. In jede Kugel einen Schafskäsewürfel einarbeiten.
Die Paprikaschoten halbieren, entkernen, waschen und in mundgerechte Stücke schneiden. Die Schalotten schälen und vierteln oder achteln.
Salzwasser in einem Topf erhitzen. Die Paprikawürfel und die Schalotten darin kurz blanchieren, herausnehmen, abtropfen lassen und abwechselnd mit den Hackkugeln auf Spieße Stecken.
Die Hackkugeln mit Olivenöl bestreichen und gar grillen. Während dem garen immer wieder mit Olivenöl bestreichen.
Die gefüllten Hackkugeln mit Kräuterzweigen garnieren und sofort servieren.

# Schisch-Kebap mit Ayran

Zutaten für 4 Spieße:

500 g Lammfleisch
8-9 EL Olivenöl
3 dünne Auberginen
Salz
frisch gemahlener Pfeffer

Für 1 Liter Ayran:

800 g Naturjogurt
200 ml eisgekühltes Wasser
2-3 Prisen Salz
Eiswürfel nach Bedarf

Zubereitung:

Lammfleisch in etwa 2-3 cm große Würfel schneiden und 1 Tag lang in 5-6 EL Olivenöl marinieren. Auberginen säubern, schälen und in fingerdicke Scheiben schneiden.
Fleisch aus der Marinade nehmen und abwechselnd mit den Auberginenscheiben auf die Spieße stecken.

Auberginen mit dem übrigen Öl einpinseln. Fleisch und Gemüse von jeder Seite etwa 7-8 Minuten grillen, etwas salzen und pfeffern.
Den gut gekühlten Jogurt in einem geeigneten Gefäß - zum Beispiel aus Porzellan mit dem Schneebesen aufschlagen und mit eiskaltem Wasser gut verrühren.
Nach Geschmack mit etwas Salz würzen und möglichst bald servieren. Im Kühlschrank hält sich der fertige Jogurt-Trank etwa 1 Stunde frisch.
Wer es noch frischer mag, legt, je nach Geschmack einige Eiswürfel in ein hohes großes Gefäß, gießt Ayran darüber, rührt kurz und kräftig mit einem langstieligen Löffel um und dekoriert zum Servieren mit einem Zweig frischer Minze.

# Salat griechischer Art

1 Kopfsalat
600 g Kirschtomaten
150 g Schafskäse
50 g
1 Lollo Rosso
1 gelbe Paprikaschote
1 Salatgurke
2 rote Zwiebeln
½ Bund Schnittlauch
4 EL Olivenöl
2 EL Weißweinessig
1 EL Sojaöl
1 TL Senf, mittelscharf
schwarze Oliven, entsteint
Salz und Pfeffer

Salat waschen, trocken schütteln, Strunk entfernen und Blätter grob zupfen. Tomaten waschen und halbieren. Paprika waschen, entkernen und in feine Streifen schneiden. Zwiebel schälen und in feine Ringe schneiden. Gurke waschen und in dünne Scheiben schneiden. Salt mit dem Gemüse in einer Schüssel vermengen. Schafskäse zerbröseln, über den Salat streuen.

Für das Dressing Schnittlauch waschen, trocken schütteln und fein hacken. Olivenöl, Essig, Sojaöl, Senf, Salz und Pfeffer verrühren. Schnittlauch und Oliven mit dem Dressing mischen. Dressing über den Salat geben und servieren.

# Rote-Bete-Käse

500 g Frischkäse
20 g Parmesan, fein gerieben
7 Stück Rote Bete, ohne Stielansatz, geschält, gewürfelt
1 Handvoll frischer Dill, gehackt
Salz und Pfeffer zum Abschmecken

In einem großen Topf die Rote-Bete-Würfel in kochendem Wasser für ca. 20 Minuten weich kochen. Danach abkühlen lassen.

In einem Hochleistungsmixer mit den restlichen Zutaten zu einem cremigen Mus pürieren und am Ende mit Salz und Pfeffer abschmecken.

# Wurzelgemüse mit Speck vom Grill

Dauer: 90 Minuten

Portionen: Für vier Personen

Zutaten:
4 Möhren
4 Pastinaken
2 rote Beten
2 Zwiebeln
500g Kartoffeln
200g Speck
3 Knoblauchzehen
1 Prise Salz
1 Prise Pfeffer
1 Esslöffel Olivenöl

So wird es gemacht:
Kartoffeln in Salzwasser gar kochen. Anschließend mit kaltem Wasser abschrecken, schälen und in Scheiben schneiden.
Speck grob würfeln und in eine Form geben. Olivenöl über den Schinken beträufeln und auf einem Grill für 10 Minuten anbraten.
Zwiebel schälen, waschen und fein hacken. Wurzelgemüse fein hacken. Alles in die Auflaufform geben und mit anbraten. Knoblauch schälen, waschen und fein pressen. Ebenfalls auf die Auflaufform geben.

Für 75 Minuten auf dem Grill schmoren lassen. Ab und an umrühren und mit Salz und Pfeffer abschmecken.

# Dorade mit Sommergemüse

Zutaten:

1 Dorade
250 g Blattspinat
2 Zwiebeln
1 Zucchini
3 Tomaten
1 Fenchelknolle
150 ml Olivenöl
Meersalz
Thymian

Zubereitung:
Dorade gut reinigen
mit Olivenöl und Meersalz bestreichen
Dorade mit Blattspinat befüllen und mit Zahnstochern verschließen
Zwiebeln, Zucchini, Tomaten und Fenchel überbrühen
mit 3 EL Olivenöl vermengen
Dorade für 20 Minuten auf den Grill geben
gelegentlich umdrehen
Gemüse ebenfalls auf Grill legen
Öl, Thymian und Salz vermengen
Fisch und Gemüse mit Kräuteröl anrichten

# Griechische Soufflaki mit Gemüse

Zutaten für 4 Personen

800 g gemischtes Hackfleisch
1 Ei
2-3 EL Semmelbrösel
1 Zwiebel
2 Knoblauchzehen
½ Bund Petersilie
Prise Salz und Pfeffer
2-3 EL Olivenöl zum Bestreichen

Für die Kartoffeln
12 kleine gekochte Pellkartoffeln
12 Scheiben Schinkenspeck
200 g rote Zwiebeln
2 EL Olivenöl

Für den Dip
300 g Joghurt (3,5% Fett)
50 ml süße Sahne
1-2 EL Essig
1 Knoblauchzehe
½ Bund Basilikum

Zubereitung:

Das Hackfleisch mit dem Ei und den Semmelbröseln in eine Schüssel geben. Die Knoblauchzehe und die Zwiebel klein würfeln. Petersilie klein hacken. Alles zusammen vermischen und zu einem Teig kneten und den Teig glatt verarbeiten. Mit Pfeffer und Salz würzen. Aus dem Fleischteig Buletten drehen, diese flach drücken, mit dem Olivenöl bestreichen und auf dem Grill garen.
Die Pellkartoffeln schälen mit je einer Speckscheibe umwickeln und ebenfalls auf den Grill legen.
Die Paprikaschoten halbieren, entkernen, waschen, abtropfen lassen und vierteln.
Die Zwiebeln schälen und in 1 cm dicke Scheiben schneiden. Das Gemüse mit Olivenöl bestreichen und auf dem Grill garen. Anschließend mit Pfeffer und Salz würzen.
Für den Dip die Sahne, den Joghurt und der Essig in eine Schüssel geben und verrühren. Die Knoblauchzehe schälen, auspressen und unter die Joghurt Mischung geben.
Mit Pfeffer und Salz würzen. Das geschnittene Basilikum dazu geben. Die Soufflaki mit den Speckkartoffeln und dem Gemüse anrichten und dem Dip servieren.

# Gefüllte Weinblätter

Zutaten für 4 Personen:

300 g in Lake eingelegte Weinblätter
3 mittelgroße Zwiebeln
60 g Rundkornreis
80 g Butter
½ Bund Dill
1 Bund glattblättrige Petersilie
400 g Rinderhackfleisch
Salz und Pfeffer
½ TL getrocknete Minze
2 Knoblauchzehen
400 g Naturjogurt

Zubereitung:

Weinblätter abspülen, 5 Minuten blanchieren und abtropfen lassen. Zwiebeln schälen und fein würfeln. 30 g Butter erhitzen, die Zwiebeln glasig dünsten, den Reis dazugeben und andünsten. 125 ml Wasser angießen und Reis bei milder Hitze ca. 10 Minuten garen.
Dill und Petersilie waschen, abzupfen und fein hacken. Nach dem Abkühlen den Reis mit dem Hackfleisch, Salz und Pfeffer, Minze und frisch gehackten Kräutern gut verkneten.

Auf jedes Weinblatt am Stielansatz 1 gehäuften TL Reis-Hackfleisch-Mischung geben, länglich formen, beide Blattseiten darüber klappen und bis zur Spitze wie Zigarren aufrollen.
Einen breiten Topfboden mit Blättern auslegen, darauf dicht nebeneinander die Röllchen legen, alles mit Flöckchen aus der restlichen Butter sowie weiteren Weinblätter belegen.
So viel Wasser angießen, dass die Blätter bedeckt sind.
Das Ganze bei mittlerer Hitze 1 Stunde garen.
Den Knoblauch schälen, durchpressen und in den Jogurt mischen. Weinblattrollen heiß mit dem kalten Knoblauchjogurt servieren.

# Pad Thai Salat

2 rote Paprika, in dünne Streifen geschnitten
180 g Rotkohl, in dünne Streifen geschnitten
4 große Karotten
2 Zucchini
240 g Edamame (wahlweise auch Tofu)
5 Frühlingszwiebeln, halbiert und in feine Ringe geschnitten
2 TL Sesamsamen
2 TL Hanfsamen

ZUTATEN FÜR DAS DRESSING:

100 g Mandelmuß
5 TL Ahornsirup
4 EL Limettensaft
4 EL Tamari (wahlweise auch Sojasauce)
1 EL Sesamöl
2 TL Ingwer, gerieben
2 Knoblauchzehe, fein gehackt

ZUBEHÖR:
SPIRALSCHNEIDER

Zucchini mit einem Spiralschneider zu Zucchini-Nudeln verarbeiten. Zucchini, Karotten, Paprika und Rotkohl in einer großen Schüssel vermengen.

Alle Zutaten für das Dressing mit einem Schneebesen verrühren. Mit Edamame, Frühlingszwiebeln, Hanf- und Sesamsamen garnieren. Abschließend mit Dressing beträufeln.

# BBQ-Bacon Royal

Dauer: 20 Minuten

Portionen: Für vier Personen

Zutaten:
4 Burgerbrötchen
800g Hackfleisch
1 Teelöffel Kreuzkümmel
1 Teelöffel Chiliflocken
1 Teelöffel Cayennepfeffer
1 Teelöffel Pfeffer
1 Esslöffel BBQ-Sauce
1 Zwiebel
8 Scheiben Bacon
4 Scheiben Schmelzkäse
4 Scheiben Tomaten
4 Salatblätter
4 Esslöffel Mayonnaise

So wird es gemacht:
Hackfleisch mit den Gewürzen in eine Schüssel geben und zu einer homogenen Masse verarbeiten. Hände leicht anfeuchten und aus der Masse vier gleichgroße Buletten formen. Buletten auf einem Grill von beiden Seiten für drei Minuten grillen. Mit Salz und Pfeffer abschmecken, Schmelzkäse jeweils drauf geben, kurz schmelzen lassen und anschließend beiseite stellen.
Bacon auf den Grill geben und anrösten.

Brötchen halbieren und auf dem Grill kurz anrösten. Untere Hälfte mit Saucen bestreichen, Salat, Bulette, Zwiebel und Tomaten belegen. Zuklappen und warm genießen.

# Puten-Frischkäse-Rollen

Zutaten:

4 Putenbrustscheiben
15 Oliven (schwarz)
4 getrocknete Tomatenketchup
150 g Frischkäse
2 EL Semmelbrösel
5 g Geflügel-Gewürzmischung
1 EL Kräuter der Provence

Zubereitung:
Putenbrustscheiben flach klopfen und mit Gewürzmischung verfeinern
Tomaten und Oliven klein schneiden und mit Fischkäse vermengen
Semmelbrösel beifügen und erneut verrühren
Creme auf die Putenbrust auftragen und mit Kräutermischung würzen
Putenbrustscheiben aufrollen und mit Spieß fixieren
Spieße für 10 Minuten auf den Grill geben

# Curry- Putenspieße

Zutaten für 4 Personen

600 g Putenbrustfilets
4 EL Weißwein
2 EL Honig
2 EL Sojasauce
Prise Salz und Pfeffer
8 Zitronengrashalme
1 EL Butterschmalz
1 Zwiebel
100 ml Weißwein
1 Tasse Gemüsebrühe
1 Becher süße Sahne
1 EL Curry
Prise Cayennepfeffer
Prise Zucker
250 g Erdbeeren
Kräuterzweige zum Garnieren

Zubereitung:

Die Putenbrustfilets waschen, abtrocknen und in mundgerechte Würfel schneiden und in eine Schüssel geben.
Den Weißwein mit dem Honig mit dem Honig und der Sojasauce glatt rühren, das Fleisch damit beträufeln und im Kühlschrank für mindestens 30 Minuten ziehen lassen.

Das Fleisch herausnehmen, auf Zitronengrashalme stecken, mit Pfeffer und Salz würzen und auf dem Grill oder in der Pfanne braten.
Die Zwiebel schälen und fein hacken. Butterschmalz in einer Pfanne erhitzen, die Zwiebel dazugeben und glasig schwitzen.
Mit dem Weißwein ablöschen, die Gemüsebrühe und die Sahne angießen und alles zum Kochen bringen.
Die Sauce eindicken lassen, den Curry einrühren und mit Pfeffer, Salz, Cayennepfeffer und Zucker abschmecken.
Die Erdbeeren waschen, abtrocknen und klein schneiden und in die Sauce geben. Kurz ziehen lassen.
Die Curry-Erdbeer-Sauce auf heißen Tellern anrichten, die Putenspieße darauflegen, das Ganze garnieren und mit einem großen gemischten Salat und Grillkartoffeln servieren.

# Rinderfilets mit zweierlei Dip-Saucen

Zutaten für 4 Personen:

4 Rinderfiletscheiben á ca. 200-250 g
4 EL Erdnussöl
5 cl Weinbrand
bunter Pfeffer

Für die Zitronenmayonnaise:

2 Eigelbe
1 TL scharfer Senf
125 ml Sonnenblumenöl
Salz und weißer Pfeffer
Saft 1 Zitrone
1 TL Worcestershiresauce
2 Zweige Zitronenmelisse
1 Msp. Zitronenpfeffer

Für die Senfsauce:

2 Knoblauchzehen
1 Schalotte
¼ Bund Petersilie
4 EL Olivenöl
1 EL Dijon-Senf

Salz und Pfeffer

Zubereitung:

Erdnussöl mit Weinbrand verrühren und die Fleischscheiben damit einreiben. Mit gemahlenem Pfeffer würzen und ruhen lassen. Den Grill erhitzen und die Rinderfiletscheiben darauf legen und von jeder Seite nach Belieben 3-5 Minuten grillen.
Für die Zitronenmayonnaise, Eigelbe mit Senf glatt rühren und das Öl möglichst tropfenweise darunter schlagen, bis eine homogene Masse entsteht. Mayonnaise salzen, pfeffern und mit Zitronensaft sowie mit Worcestershiresauce würzen.
Melisseblättchen waschen, grob hacken und unter die Zitronenmayonnaise heben. Die Sauce in ein Schälchen füllen und mit Zitronenpfeffer bestreuen.
Für die Senfsauce Knoblauch und Schalotte schälen und hacken. Petersilie waschen. Olivenöl mit Senf verrühren. Knoblauch, Schalotte und Petersilie beimischen. Salzen, pfeffern und in eine Saucenschüssel füllen.

# Schweinekoteletts mit Kräuter Knoblauch-Kruste und Tomaten

FÜR 4 PERSONEN
ZUBEREITUNGSZEIT: 15 MIN.
GRILLZEIT: 12 BIS 15 MIN.

ZUTATEN FÜR DIE WÜRZMISCHUNG:
3-4 EL Olivenöl
2 mittelgroße Knoblauchzehen
2 TL frische Salbeiblätter
2 TL frische Rosmarinnadeln
1 TL grobes Meersalz
½ TL schwarzer Pfeffer
4 Schweinelendenkoteletts am Knochen, je etwa 230 g schwer und 2,5 cm dick,
überschüssiges Fett entfernt
8 Eiertomaten, in dicke Scheiben geschnitten
Olivenöl

Den Gasgrill für direkte mittlere Hitze (180–230 °C) erhitzen.
Knoblauch schälen, mit einem Messer andrücken, anschließend fein zerkleinern. Salz darüberstreuen und den Knoblauch mit dem

Messerrücken zu einer feinen Paste zerdrücken. Die Knoblauchpaste in eine kleine Schüssel geben, mit Öl, Rosmarin, Salbei und Pfeffer
verrühren. Die Koteletts auf beiden Seiten mit der Würzmischung
einreiben. Beiseitestellen und 30 Min. ziehen lassen.
Die in Scheiben geschnittenen Eiertomaten über direkter mittlerer
Hitze bei geschlossenem Deckel 4–6 Min. grillen, dabei einmal wenden. Beiseitestellen.
Die Koteletts über direkter mittlerer Hitze bei geschlossenem
Deckel 8–10 Min. grillen, bis sie gar, aber innen noch leicht rosa sind,
dabei einmal wenden. Vom Gasgrill nehmen und 5 Min. ruhen lassen. Koteletts mit gegrillten Eiertomaten auf Tellern anrichten.
Abschließend mit Olivenöl beträufeln und warm servieren.

# Waldorf-Granatapfel-Salat

4 Äpfel, ohne Kerngehäuse, ohne Stielansatz, gewürfelt
4 Granatäpfel, geschält, nur die Kerne
1 Stange Staudensellerie, gewürfelt
300 ml Joghurt oder Sojajoghurt
3 EL Walnusskerne, fein gehackt
einige Blätter frische Minze, fein gehackt
Saft von 2 Zitronen
weißer Pfeffer

Alle Zutaten in einer mittelgroßen Schüssel miteinander vermengen. Nach Belieben mit dem weißen Pfeffer würzen.

# Marinierte Rindersteaks für den Grill

Dauer: 20 Minuten

Portionen: Für zwei Personen

Zutaten:
2 Steaks
300ml Rotwein
4 Stiele Rosmarin
4 Knoblauchzehen
2 Zwiebeln
1 Esslöffel Apfelessig
1 Teelöffel Zitronensaft
1 Prise Salz
1 Prise Pfeffer

So wird es gemacht:
Fleisch waschen und trocken tupfen.
Knoblauch schälen, waschen und vierteln. Zwiebel schälen, waschen und in feine Scheiben schneiden.
Alle Zutaten, bis auf den Pfeffer und die Steaks, in eine Schüssel oder in einen Mixer geben und zu einer Marinade verarbeiten. Die Steaks in die Marinade geben und für mehrere Stunden drin ziehen lassen.
Steaks anschließend mit Salz und Pfeffer würzen und von beiden Seiten auf dem Grill gar braten.

# Bierpizza für den Grill

Zutaten:
200 ml Weizenbier
300 g Mehl
Hefe
2 TL Oregano
1 TL Paprikapulver
2 EL Olivenöl
8 g Hartweizengrieß
Salz
Zucker

Zubereitung:
Bier kurz in die Mikrowelle geben
Bier mit Mehl und Hartweizengrieß vermengen
restliche Zutaten beifügen und zu Teig kneten
Olivenöl beigeben
Teig für 1,5 Stunden auf Grill geben
ausrollen und nach Belieben belegen

# Mix-Grillplatte

Zutaten für 4 Personen

4 Putenkeulenscheiben (á 200 g)
Je 2 Zweige Rosmarin und Thymian
2-3 Knoblauchzehen
1 TL Salz
2 EL grob geschrotete Pfefferkörner
100 ml Olivenöl
4 Schweinerückensteaks (á 150 g)
8 Scheiben Frühstücksspeck
Olivenöl zum Bestreichen
4 weiße Bratwürstchen
Je 1 rote und gelbe Paprikaschote
100 g Schalotten
Prise Salz und Pfeffer

Zudem noch:
4 Grilltomaten
4 vorgekochte und gegrillte Maiskolben
1 Knolle Knoblauch
1 Bund Rosmarin

Zubereitung:

Die Putenkeulenscheiben unter fließendem Wasser waschen, trocknen und in eine Schüssel geben.

Die Kräuterzweige waschen und klein schneiden. Die Knoblauchzehen schälen und mit Salz zu einer Paste zerreiben.
Kräuter, Knoblauch, geschrotete Pfefferkörner und Olivenöl in einer Schüssel verrühren und die Putenkeulenscheiben damit einlegen und für zwei Stunden in den Kühlschrank stellen.
Die Schweinerückensteaks unter fließendem Wasser waschen, trocknen und jedes Steak mit je zwei Speckscheiben umwickeln und mit Olivenöl bestreichen.
Die Bratwürstchen in 2-3 cm dicke Scheiben schneiden, die Paprikaschoten halbieren, entkernen, waschen und in kleine Würfel schneiden.
Die Schlotten schälen und halbieren. Mit den Bratwurstscheiben und den Paprikawürfel abwechselnd auf Spieße stecken.
Die Spieße mit Olivenöl bestreichen, mit den Putenkeulenscheiben und den Schweinerückensteaks auf dem Grill geben. Kurz vor Garende das Grillgut mit Salz und Pfeffer würzen.
Steaks, Spieße und Putenkeulenscheiben mit den Grilltomaten, den Maiskolben, dem gegrillten und in Scheiben geschnittenen Knoblauch anrichten, mit Rosmarinzweigen garnieren und sofort servieren.

# Rotbarben mit Rauke

Zutaten für 5-6 Personen:

1 kg küchenfertige Rotbarben
1 Zitrone
3 Knoblauchzehen
1 Bund glattblättrige Petersilie
Salz und frisch gemahlener Pfeffer
1-2 Bund Rauke

Zubereitung:

Die Fische wenn nicht bereits ausnehmen, abschuppen und mit kaltem Wasser abspülen. Mit Küchenpapier trocknen.
Zitrone auspressen, Knoblauch schälen und durchpressen oder sehr fein schneiden, Petersilie waschen, trocknen. Blätter abzupfen und hacken.
Olivenöl mit Zitronensaft, Salz, Pfeffer, Knoblauch und Petersilie verrühren. Fische in dieser Marinade wenden und 1 Stunde kühl stellen.
Marinade kann noch durch etwas Zitronensaft, Olivenöl und Gewürze gestreckt und beim Essen mit Brot getoppt werden.
Ideale Beilagen sind Rauke und Brot: Weißbrot, kurz mitgegrillt, oder wie zu so vielen Grillgerichten das Fladenbrot.

# Hähnchen-Pfirsich-Salat

FÜR 4 PERSONEN
ZUBEREITUNGSZEIT: 15 MIN.
GRILLZEIT: 16 BIS 22 MIN.

ZUTATEN FÜR DEN SALAT:

7 Handvoll Feldsalat
4 Handvoll Kirschtomaten, geviertelt
2 Avocado, entkernt und gewürfelt
20 Blätter Basilikum, fein geschnitten
8 Teelöffel Kürbiskerne

ZUTATEN FÜR DAS DRESSING:

360 ml Olivenöl
120 ml Balsamico-Essig
2 EL Ahornsiup
1 TL Pfeffer
1 TL Salz

4 Hähnchenbrustfilets, je etwa 180 g
4 reife Pfirsiche, halbiert, entkernt
1 Zwiebel, quer in 1 cm dicke Scheiben geschnitten

Die Hähnchenbrustfilets dünn mit Öl bestreichen und gleichmäßig mit dem Salz und Pfeffer würzen. Beiseitestellen und 10 Min. ziehen lassen.
Den Gasgrill für direkte mittlere Hitze (180–230 °C) erhitzen.
Pfirsichhälften und Zwiebelscheiben dünn mit Öl bestreichen und gleichmäßig mit Salz und Pfeffer würzen. Pfirsiche und Zwiebel über direkter
mittlerer Hitze bei geschlossenem Deckel 8–10 Min. grillen,
bis die Pfirsiche leicht gebräunt und die Zwiebelscheiben weich sind,
dabei ein bis zweimal wenden. Pfirsichhälften in Spalten
schneiden, Zwiebelscheiben grob würfeln. Beiseitestellen.
Die Hähnchenfilets mit der glatten Seite nach unten über
direkter mittlerer Hitze bei geschlossenem Deckel 8–12 Min. grillen,
bis sie sich auf Druck fest anfühlen und das Fleisch im Kern nicht mehr glasig ist, dabei ein- bis zweimal wenden. Hähnchenfilets vom Gasgrill nehmen und 5 Min. ruhen lassen.
Zutaten für den Salat in eine große Salatschüssel geben. Für das Dressing alle Zutaten miteinander mischen und mit dem Salat vermengen. Kürbiskerne darüber streuen.

Salat auf vier Teller verteilen, Hähnchenfleisch, Pfirsiche und Zwiebelscheiben darauf anrichten. Mit Salz und Pfeffer würzen und servieren.

## Schnelles Kräuter-Knoblauchbrot

4 Stück Baguette
250 g Butter, weich
7 Knoblauchzehen, gepresst
1 Handvoll frische Petersilie, fein gehackt
Salz und Pfeffer
Den Knoblauch und die Petersilie mit der Butter cremig verrühren und mit Salz und Pfeffer abschmecken.
Jedes Baguette mit einem Messer vorsichtig in ca. 1-cm-Abständen einschneiden. In die Spalten vorsichtig mit einem Löffel die Knoblauchbutter hineinfüllen.
Die Brote für etwa 10 - 15 Minuten unter vorsichtigem Wenden grillen.

# Hähnchenbrust mit Weißwein-Kapern-Sauce

FÜR 4 PERSONEN
ZUBEREITUNGSZEIT: 15 MIN.
GRILLZEIT: 8 BIS 12 MIN.

ZUTATEN FÜR DIE SAUCE:

60 g kalte Butter, in 4 Stücke geschnitten
60 ml trockener Weißwein
2 TL Dijon-Senf
2 Schalotten, sehr fein gewürfelt
2 EL feinste Kapern, abgespült
1 EL frische Petersilienblätter, fein gehackte

4 Hähnchenbrustfilets, je etwa 180 g
2 EL Olivenöl
Salz und Pfeffer

Den Gasgrill für direkte mittlere Hitze (180–230 °C) erhitzen.
Hähnchenbrustfilets auf beiden Seiten dünn mit Öl bestreichen und gleichmäßig mit dem Salz und Pfeffer würzen.
Die Hähnchenbrustfilets mit der glatten Seite nach unten über direkter mittlerer Hitze bei geschlossenem Deckel 8–12 Min. grillen, bis sich das Fleisch auf Druck

fest anfühlt und auch im Kern nicht mehr glasig ist, dabei ein- bis zweimal wenden. Vom Gasgrill nehmen und mit Alufolie abgedeckt warm halten.
Für die Sauce Wein, Schalotten und Senf in einer kleinen Pfanne verrühren, auf mittlerer Stufe bis zum Siedepunkt erhitzen und 30 Sek. köcheln lassen. Vom Herd nehmen und die Butter stückchenweise unterschlagen, bis die Butterstücke jeweils vollständig geschmolzen sind. Kapern und Petersilie unterrühren und die Sauce mit Salz und Pfeffer abschmecken.
Hähnchenfilets auf Tellern anrichten, Sauce darüberlöffeln und warm servieren. Nach Belieben einen Quinoa-Bohnen-Salat dazu reichen.

# Gegrillter Seitan I

800 g Seitan (ungewürzt), in dünne Scheiben geschnitten
300 ml Olivenöl
5 Knoblauchzehen, gepresst
1 TL Ingwer, gemahlen
1 TL Pfeffer, gemahlen
1 TL Cayennepfeffer, gemahlen
5 EL Sojasoße
½ Handvoll frischer Koriander, fein gehackt
Salz und Pfeffer zum Abschmecken
In einer flachen Schüssel das Olivenöl mit dem Salz, der Sojasoße und dem Koriander vermengen. Den Knoblauch, Ingwer, Pfeffer und Cayennepfeffer dazugeben.
Die Seitanscheiben am besten über Nacht ziehen lassen.
Auf den Grill geben und von allen Seiten für ca. 10 Minuten knusprig grillen.

# Marinierte Riffelsteaklettes von der Kartoffel für den Grill

Dauer: 10 Minuten

Portionen: Für drei Personen

Zutaten:
3 Kartoffeln, jeweils 200g und fest gekocht
70ml Olivenöl
1 Teelöffel edelsüßes Paprikapulver
1 Teelöffel frisches Thymian
1 Teelöffel frisches Rosmarin
1 Teelöffel scharfes Currypulver
1 Prise gemahlenen Pfeffer
1 Prise Salz

So wird es gemacht:
Kartoffeln in dünne Scheiben schneiden.
Alle anderen Zutaten in eine Schüssel geben und miteinander verquirlen und zu einer Marinade verarbeiten. Die Kartoffeln in die Marinade geben und über Nacht ziehen lassen. Zwischendurch den Behälter gut durchschütteln, damit die Marinade nicht haften bleibt.
Die Scheiben auf dem Grill von beiden Seiten goldbraun knusprig anbraten.
Vor dem Servieren mit Salz bestreuen und genießen.

# Grill-Fladenbrot

Zutaten:
500 g Mehl
Salz
Gewürze
Trockenhefe

Zubereitung:
alle Zutaten vermengen
Wasser hinzugeben und zu einem Teig verarbeiten
60 Minuten stehen lassen
aus dem Teig Fladenbrote formen
Fladenbrote auf kurz auf den Grill legen
gelegentlich wenden

# Rinderfilet „Santa Monica“

Zutaten für eine Portion

1 Scheibe Rinderfilet
Prise Salz und Pfeffer
1 Pfirsichhälfte aus der Dose
1 EL Himbeeren
1 TL Himbeergeist oder Whisky

Zubereitung:

Die Filetscheiben von beiden Seiten je nach Geschmack mehr oder minder durch grillen. In der Zwischenzeit die Pfirsichhälfte mit Küchenpapier trocken tupfen und ebenfalls grillen. Die Filetscheiben etwas pfeffern und salzen.
Die Pfirsichhälften mit der Steinausbuchtung nach oben, auf die Filetscheiben setzten. In die Höhlung die Himbeeren geben und mit Himbeergeist oder Whisky beträufeln.
Als Beilage eignet sich grüner Salat und ein Toast.

# Halloumi mit Chili-Salsa

Zutaten für 3-4 Personen:

400 g Halloumi
300 g Erdbeeren
15 g rote Zwiebeln
½ rote Chilischote
4 Stiele Basilikum
1 EL Olivenöl
3 EL dunkler Balsamico-Essig
1 EL flüssiger Honig
Prise Salz und schwarzer Pfeffer

Zubereitung:

Für die Salsa: Erdbeeren waschen und in kleine Würfel schneiden. Zwiebeln schälen und würfeln. Chili waschen, entkernen und ebenfalls würfeln.
Basilikum waschen, trocknen, abzupfen und in feine Streifen schneiden. Alle Zutaten: in eine Schüssel vermischen. Essig, Öl und Honig untermengen und mit Salz und Pfeffer würzen.
Halloumi jeweils horizontal in 3 dicke Scheiben .Halloumi ca. 3-4 Minuten von jeder Seite goldbraun grillen. Anschließend mit der Chili-Basilikum-Salsa servieren.

# Scharfe Fasanenbrustfilets

FÜR 4 PERSONEN
VORBEREITUNGSZEIT: 15 MIN.
ZUBEREITUNGSZEIT: 30 BIS 40 MIN.
MARINIERZEIT: 2 STD.
GRILLZEIT: 12 BIS 16 MIN.

8 Fasanenbrustfilets
100 ml Pflanzenöl
100 ml Sojasoße
2 EL Knoblauchzehen, zerdrückt und gehackt
2 EL Limettensaft
1½ TL abgeriebene Limettenschale
1½ TL frischer Oregano
¼ TL Chiliflocken
1 TL Salz
¼ TL Pfeffer

In einer flachen Schüssel Öl, Soja-soße, Limettensaft, Limettenschale, Knoblauch, Oregano, Chiliflocken, Salz und Pfeffer vermischen. Fasanenbrustfilets hineingeben und wenden, damit sie von allen Seiten mit der Marinade bedeckt sind. Abdecken und 2 Stunden im Kühlschrank marinieren, dabei gelegentlich wenden.

Den Gasgrill für direkte mittlere Hitze (180–230 °C) erhitzen.
Fasanenbrüste über direkter mittlerer Hitze bei geschlossenem Deckel auf jeder Seite 6 bis 8 Min. grillen, bis das Fleisch durchgegart ist, vom Gasgrill nehmen und 5 Min. ruhen lassen. Warm servieren.

# Mozzarellaspieße

550 g Mozzarella, in dickere Würfel geschnitten
7 Scheiben Weißbrot, in dickere Würfel geschnitten
24 Cocktailtomaten
24 Cocktailzwiebeln
12 Grillspieße

Alle Zutaten abwechselnd auf die Spieße stecken. Nun auf dem Grill von allen Seiten für ca. 10 Minuten anbraten, bis der Mozzarella etwas zu schmelzen beginnt. Alternativ können die Spieße auch auf etwas Alufolie gelegt werden.

# Lachs vom Grill

Dauer: 50 Minuten

Portionen: Für vier Personen

Zutaten:
4 Scheiben Lachs
1 Zucchini
1 rote Paprikaschote
1 Zwiebel
1 Knoblauchzehe
4 Esslöffel Sojasauce
4 Esslöffel Sesamöl
4 Esslöffel Blauschimmelkäse
4 Teelöffel frischer Dill
1 Prise Salz
1 Prise Pfeffer

So wird es gemacht:
Zucchini waschen, Enden abschneiden und in feine Scheiben schneiden. Paprikaschote waschen, Strunk entfernen, halbieren, entkernen und in Scheiben schneiden. Zwiebel schälen, waschen und in Scheiben schneiden. Knoblauch schälen, waschen und in Scheiben schneiden. Dill waschen, abtropfen lassen und fein hacken.
Für Alufolien bereitstellen und das Gemüse darauf gleichmäßig verteilen. Lachs in mundgerechte Stücke schneiden und von beiden Seiten salzen und pfeffern.

Auf das Gemüse geben. Die Alufolien jeweils zu Schiffchen formen und oben einen Spalt offen lassen.
Mit Sojasauce und Öl begießen und den geriebenen Käse jeweils darauf verteilen.
Die Schiffchen jeweils für 30 Minuten auf dem Grill schmoren lassen.

# Sauce Bernaise

Zutaten:

60 ml Weißweinessig
120 ml Weißwein
3 kleine Zwiebeln
5 Zweige Kerbel
5 Zweige Estragon
2 frische Eigelb
180 Gramm Butter
Salz

Zubereitung:
Zwiebeln schäken und grob zerhacken. Danach die Zwiebeln mit dem Weißwein, Essig und 4 Zweigen Kerbel und Estragon in einen Topf geben. Das Ganze dann bei mittlere Hitze einkochen bis ca. 2 EL überbleiben.

Dann das Eigelb und Salz in einen hohen und schmalen Behäkter füllen. Die Essigreduktion leicht abkühlen lassen und dann durch ein feinmaschiges Sieb in den Behälter abseihen.

Danach die Butter zum schmelzen bringen und auch in ein Messbecher geben. Dann mit der Hand einen Pürierstab auf den Boden Mischung drücken. In der anderen Hand den Becher mit der geschmolzenen Butter bereithalten. Jetzt ist Obacht geboten. Pürierstab auf die höchste Stufe stellen und währenddessen etwas Butter in den Behälter nachgießen.

Solange weiter machen bis die Masse eine cremige Konsistenz annimmt. Dann die fertige Sauce mit etwas Kräutern und Salz abschmecken.

# Gefüllter Barsch vom Grill

Zutaten für 4 Portionen

4 mittelgroße Barsche
2 EL Zitronensaft
1 kleine Dose Champignons
2 EL geriebener Parmesankäse
½ Bund Petersilie
1 hartgekochtes Ei
1 Messerspitze Paprikapulver, edelsüß
Prise Pfeffer und Salz

Zubereitung:

Die Fische ausnehmen und schuppen. Danach mit Zitronensaft beträufeln. Die Champignons auf einem Sieb abtropfen lassen. Die Champignons in Scheiben schneiden. Die Petersilie waschen und trocken schütteln. Das Ei pellen und in kleine Würfel schneiden.
Die Champignons mit dem geriebenen Parmesankäse, der Petersilie und den Eiwürfeln vermischen. Mit Paprikapulver, etwas Salz und Pfeffer würzen.
Die Mischung in die vier Barsche verteilen. Mit Holzstäbchen zusammen stecken, damit die Füllung nicht herausrutscht. Die Barsche beidseitig mit feinem Salz und Pfeffer überstreuen und mit Öl einpinseln.
Die gefüllte Barsche 15-20 Minuten, je nach Größe grillen. Nach Ablauf der halben Garzeit, die Fischen wenden.

Als Beilage eignet sich Grill Butterreis und einen gemischten Salat.

# Gefüllte Auberginen (Vegan)

Zutaten für 4 Personen:

4 Auberginen
1 Zwiebel
2 Knoblauchzehen
100 ml Sojamilch
1 TL mittelscharfer Senf
250 ml Olivenöl
100 g Paniermehl
Salz und Pfeffer
Zum Garnieren Kräuter oder Nüsse

Zubereitung:

Auberginen waschen, in Scheiben schneiden und von beiden Seiten mit Salz bestreuen. Die Scheiben auf ein Kuchenpapier legen, damit die überschüssige Flüssigkeit aufgesaugt wird.
Für die vegane Füllung: Sojamilch mit Senf und Öl solange verrühren bis die gewünschte Konsistenz eine Mayonnaise entstanden ist. Mit Salz und Pfeffer würzen.
Zwiebel und Knoblauch schälen, würfeln und zur Mayonnaise geben und gut verrühren. Die Auberginenscheiben abtupfen, entkernen, mit der Mayonnaise befüllen und anschließend im Paniermehl

wenden. Zuletzt noch mit Öl beträufeln und für 4-5 Minuten goldgelb grillen.

# Thailändisches-Lachs-Curry

FÜR 4 PERSONEN
ZUBEREITUNGSZEIT: 15 MIN.
MARINIERZEIT: 15 BIS 30 MIN.
GRILLZEIT: 14 BIS 19 MIN.

ZUTATEN FÜR DIE MARINADE:

400 ml Kokosmilch
2 EL grüne Thai-Currypaste (Asia-Laden)
fein abgeriebene Schale und Saft von 2 großen Bio-Limetten
2 EL Vollrohrzucker
1 EL Sojasauce
1 TL scharfe Chili-Knoblauch-Sauce

4 Lachsfilets mit Haut, je etwa 200 g schwer und 2,5 cm dick, Gräten
entfernt
500 g Pattisons (kleine Kürbisse), längs halbiert
1 TL Rapsöl

Die Zutaten für die Marinade in einer großen Glasform vermischen,
die Lachsfilets nebeneinander hineinlegen und in der Marinade wenden.
Beiseitestellen und 30 Min. ziehen lassen.

Den Gasgrill für direkte starke Hitze (230–290 °C) erhitzen.
Lachsfilets aus der Marinade nehmen, überschüssige Marinade in die Form abtropfen lassen. Marinade aufbewahren. Die Filets mit der Hautseite nach oben über direkter starker Hitze bei geschlossenem Deckel 6–8 Min. grillen, bis sie sich mit einer Grillzange vom Rost lösen lassen, ohne haften zu bleiben.
Filets wenden und bis zum gewünschten Gargrad weitergrillen, 2–3 Min. für medium (nicht ganz durchgebraten). Einen Grillwender zwischen Haut und Fleisch schieben und die Filets von der Haut auf einzelne Teller heben.
Während der Lachs auf dem Gasgrill liegt, die Marinade in einen Topf gießen, auf mittlerer Stufe zum Kochen bringen, die Hitze reduzieren und die Marinade in 6 bis 8 Min. zu einer dickflüssigen Sauce einköcheln lassen und ab und zu umrühren.
Die Kürbisse dünn mit Öl bestreichen und über direkter starker
Hitze bei geschlossenem Deckel 6–8 Min. grillen, bis sie knackigzart und ein wenig gebräunt sind, dabei gelegentlich wenden. Kürbisse auf den Tellern neben den Fischfilets anrichten, Sauce darübergeben und warm servieren.

## Paprika mit Tofufüllung

6 große, bauchige Paprika
500 g Tofu, mit einer Gabel zerdrückt
4 Tomaten, ohne Stielansatz, gewürfelt
80 g schwarze Oliven, entkernt
1 Chilischote, fein gehackt
½ Handvoll frischer Dill, fein gehackt
Saft von 2 Zitronen
Salz und Pfeffer zum Abschmecken
etwas Pflanzenöl

Zuerst die Paprika vorsichtig am oberen Ende aufschneiden. Mit einem Messer vorsichtig die Kerne und Venen entfernen. Das Ende sollte aufgehoben werden, es wird zum Schluss mitgegrillt.

In einer Schüssel die restlichen Zutaten zu einer feinen Masse rühren.

Nun die Paprikaschoten mit der Masse mit einem Löffel befüllen. Dabei darauf aufpassen, dass der Paprika zusammenhält.

Die Deckel der Paprika wieder draufsetzen und am Grill in etwas Alufolie von allen Seiten für ca. 15 bis 20 Minuten garen.

# Fischpäckchen vom Grill

Dauer: 25 Minuten

Portionen: Für vier Personen

Zutaten:
4 Fischfilets
2 Knoblauchzehen
1 Zitrone
4 Zweige Rosmarin
1 Prise Salz
1 Prise Pfeffer
1 Esslöffel Olivenöl

So wird es gemacht:
Fischfilets von beiden Seiten salzen und pfeffern.
Zitrone in acht Scheiben schneiden. Knoblauch schälen, waschen und in feine Würfel schneiden.
4 Stück Alufolie bereitstellen und diese mit etwas Olivenöl bepinseln. Je ein Fischfilet auf einem Stück Alufolie geben. Knoblauch drauf verteilen. 2 Scheiben Zitrone drauf geben und mit einem Rosmarinzweig bestücken. Päckchen gut verschließen und keinen Spalt offen lassen.
Für 15 Minuten auf dem Grill braten.

# Honig - Senf - Soße zum Grillen

Dauer: 10 Minuten

Portionen: Für drei Personen

Zutaten:
150g mittelscharfes Senf
50g Honig
20ml Wasser
2 Esslöffel Olivenöl
1 Esslöffel Balsamico

So wird es gemacht:
Alle Zutaten in eine Schüssel geben und miteinander verquirlen und zu einer Marinade verarbeiten. Die Marinade für mehrere Stunden im Kühlschrank kühl lagern. Die Marinade kann sowohl kühl als auch warm genossen werden.

# Pizza vom Grill (Italien)

Zutaten:
450 g Pizzamehl
50 g Weizendunst
1 Hefeblock
etwas Meersalz

Zubereitung:
Hefe in Wasser aufquellen lassen
alle Zutaten (außer Hefe) gut vermengen
Hefe beifügen
kurz quellen lassen
aus dem Gemisch einen Teig kneten
über Nacht im Kühlschrank lassen
Teig auf bemehlter Arbeitsfläche zu Kugeln formen und erneut ziehen lassen
Pizzastein auf Grill legen
Teig ausrollen und nach Belieben belegen
Pizza für wenige Minuten auf Pizzastein legen

# Tofu-Zucchini-Spieße

Zutaten für 6 Spieße

6 Holzspieße
4 EL Sojasauce
2 EL flüssiger Honig
2 TL Kokosöl
300 g Tofu natur
1 Zucchini
Korianderöl (siehe oben unter Saucen)

Zubereitung:

Die Holzspieße in kaltes Wasser für 20 Minuten einweichen lassen. Kokosöl, Honig und Sojasauce in einem kleinen Topf verrühren und leicht erhitzen, bis sich alles gut vermischt hat.
Tofu in mundgerechte Würfel schneiden. Zucchini waschen, längs halbieren und in Scheiben schneiden.
Tofu und Zucchini abwechselnd auf 6 Holzspieße stecken. Von beiden Seiten mit der Marinade bestreichen und am besten in eine Auflaufform geben. Restliche Marinade über die Spieße geben und 30 Minuten ziehen lassen.
Spieße auf dem Grill geben und jede Seite 3-5 Minuten grillen. Mit Korianderöl servieren.

# Garnelen mit Honig-Glasur

FÜR 4 PERSONEN, FÜR 6 PERSONEN ALS VORSPEISE
ZUBEREITUNGSZEIT: 15 MIN.
GRILLZEIT: 2 BIS 4 MIN.

ZUTATEN FÜR DIE GLASUR:

3 EL Honig
1 EL Reisessig
1 TL fein geriebener frischer Ingwer

ZUTATEN FÜR DIE SAUCE:

4 EL Sojasauce
1 EL Reisessig
1 Frühlingszwiebel, nur die weißen und hellgrünen Teile in feine
Scheiben geschnitten
1 TL Chili-Öl

1 kg große Garnelen (Größe 21/30), geschält, Darm entfernt, mit
Schwanzsegment
2 EL Öl
Salz und Pfeffer

Die Zutaten für die Glasur in einer großen Schüssel glatt rühren. Beiseitestellen.
Die Zutaten für die Sauce in einer kleinen Schale verrühren. Beiseitestellen.
In einer zweiten großen Schüssel die Garnelen jeweils mit etwas Öl
beträufeln und gleichmäßig salzen und pfeffern.
Den Gasgrill für direkte starke Hitze (230–290 °C) erhitzen.
Die Garnelen über direkter starker Hitze bei geschlossenem Deckel 2–4 Min. grillen, bis sie sich auf Druck etwas fest anfühlen und das Fleisch im Kern nicht mehr glasig ist, dabei ein- bis zweimal wenden. Heiße Garnelen in der großen Schüssel mit der Glasur vermischen.
Garnelen auf einer Platte anrichten und warm mit der Sauce servieren.

# Gegrillter Halloumi mit Mango-Chutney

600 g Halloumi, halbiert
2 Zucchini, ohne Stielansatz, in dünne Scheiben geschnitten
10 EL Olivenöl
1 Handvoll frischer Thymian, fein gehackt
3 Mangos, geschält, entkernt, fein gehackt
5 EL Olivenöl
2 Zwiebeln, fein gehackt
100 g Rohrzucker
6 EL Essig
1 TL Ingwer, gemahlen
jeweils 1 Prise Salz und Pfeffer

Die Zucchini in einer Schüssel mit etwas Salz bedeckt für ca. 10 Minuten ziehen lassen.

Das Öl, den Thymian, das Salz und den Pfeffer in einer separaten Schüssel mischen. Den Halloumi in der Marinade ziehen lassen.

Nun die Zucchinistreifen auf einer Arbeitsfläche ausrollen und mit dem Halloumi befüllen. Dann einrollen und auf dem Grill für ca. 10 Minuten von allen Seiten anbraten.

Für das Chutney die Mangos und Zwiebeln am Grill für ca. 10 Minuten garen. Vom Grill nehmen und mit dem Essig, Rohrzucker, Ingwer und etwas Olivenöl gut vermischen.

Die Streifen mit dem Chutney servieren.

Hülsenfrüchte
Hülsenfrüchte aller Art lassen sich besonders gut zu Laibchen, Bratlingen, Puffern und Burgern verarbeiten. Am besten weichen Sie sie am Vortag in der zweifachen Menge Wasser ein. Am nächsten Tag spülen Sie sie mit frischem Wasser ab und kochen sie in der doppelten Menge Wasser für ca. 30 - 40 Minuten weich. Schneller geht es natürlich vorgekocht aus der Dose oder aus dem Glas. Hierbei sollten Sie jedoch bedenken, dass diesen Produkten einige Geschmacksverstärker und Konservierungsstoffe zugesetzt sind.

# Portugiesische Törtchen vom Grill

Dauer: 40 Minuten

Portionen: Für vier Personen

Zutaten:
1 Packung Blätterteig
125g Creme fraiche
1 Eier
1 Vanilleschote
1 Esslöffel Vanillezucker
1 Orangenschale
3 Esslöffel Zimt

So wird es gemacht:
Creme, Ei und Vanillezucker in eine Schüssel geben und miteinander vermengen. Vanilleschote längs halbieren und das Mark herauskratzen. Orangenschale fein reiben. Beides in die Schüssel geben und gut miteinander vermengen.
Blätterteig ausrollen und mit dem Zimt Bestäuben. Einrollen, in drei Zentimeter dicke Stücke schneiden und in eine Muffinform jeweils geben. Auf dem Grill für acht Minuten backen.
Anschließend ein Loch eindrücken und die Creme darin füllen. Für weitere zehn Minuten auf dem Grill backen.

# Gegrillte Brasse (China)

Zutaten:
2 ausgenommene Brassen
500g Lychees aus der Dose
2 Ingwerstücke
3 EL Honig
3 EL Sherryessig
Salz
Pfeffer
1 EL Sojasoße
2 EL Erdnussöl
2 EL Lycheesaft
2 Limetten
1 Bd. Petersilie
etwas Sambal Oelek

Zubereitung:
Die Brassen gut waschen trockentupfen. Danach von innen und außen mit etwas Salz und Pfeffer einreiben.
Danach die Lychees abtropfen lassen und den Saft auffangen. Als nächstes 4 Lychees pürieren. Dann die Ingwerstücke sehr fein hacken. Danach alles mit Honig, Sherryessig, etwas Sambal Oelek, Sojasauce, Erdnussöl und etwas Lycheesaft verrühren und mit der Mischung die Brassen wieder von außen und innen bestreichen.
Als nächstes müssen die Fische auf dem Grill von jeder Seite für ca. 12 Minuten gegrillt werden. Während des Grillens immer wieder mit Glasur bestreichen.

Zu guter Letzt dann alles mit den restlichen Lychees, den Scheiben von der gewaschenen Limette und der Petersilie anrichten.

# Kartoffelsalat mit Gurke und Radieschen

Zutaten für 4 Portionen

1 kg vorwiegend festkochende Kartoffeln
1 Zwiebel
6 EL Öl (z.B. Rapskernöl)
250 ml Gemüsebrühe
50 ml Weißweinessig
Prise Salz und Zucker
1-2 TL mittelscharfer Senf
3 EL Mandelstifte
1 Bund Radieschen
1 Salatgurke
1 Bund glatte Petersilie

Zubereitung:

Kartoffeln zugedeckt 25-30 Minuten weich kochen. Zwiebel fein würfeln und in einem Topf mit 2 EL Öl glasig dünsten. Brühe dazugeben und erhitzen. Vom Herd nehmen und mit Essig, Pfeffer, Salz, Zucker und Senf abschmecken.
Kartoffeln pellen und in Scheiben schneiden. In eine große Schüssel geben und mit der warmen Brühe übergießen. Für 30 Minuten durchziehen lassen. Den Kartoffelsalat nach dem würzen und die restlichen 4 EL Öl untermischen.

Mandelstifte in einer Pfanne ohne Zugabe von Fett goldbraun rösten, abkühlen lassen. Radieschen und Salatgurke waschen und in Scheiben schneiden. Petersilieblättchen abzupfen. Alles kurz vor dem Servieren unter den Kartoffelsalat mischen.

# Gegrilltes Pide-Sandwich mit Spinat und Camembert

FÜR 4 PERSONEN
ZUBEREITUNGSZEIT: 15 MIN.
VORBEREITUNGSZEIT: 20 MIN.

250 g TK-Blattspinat
1 EL Olivenöl
7 EL Wasser
1 rote Zwiebel
1 Camembert
1 ovales Fladenbrot
1 TL Paprikapulver
Salz und Pfeffer

Zwiebel schälen und fein würfeln. Öl in eine Pfanne geben und Zwiebelwürfel andünsten. Gefrorenen Spinat und Wasser dazugeben und abgedeckt ca. 10 Minuten dünsten, bis der Spinat aufgetaut ist. Deckel abnehmen und ca. 5 Minuten weitergaren, bis die ganze Flüssigkeit verdampft ist.
Spinat mit Paprika, Salz und Pfeffer würzen. Kurz abkühlen lassen und grob hacken. Camembert in Scheiben schneiden. Beiseitestellen.
Den Gasgrill für direkte c Hitze (180–230 °C) erhitzen.

Fladenbrot vierteln und waagerecht aufschneiden. Die Brotviertel mit den Schnittflächen nach unten über direkter mittlere Hitze bei geschlossenem Deckel rösten, bis sie leicht gebräunt sind. Vom Gasgrill nehmen.
Untere Brotviertel mit Camembert und Spinat belegen. Obere Brotviertel darauflegen und gut andrücken. Brot auf dem heißen Gasgrill von jeder Seite ca. 2 Min. knusprig rösten und warm servieren.

## Seitan-Pastinakenröllchen

12 Pastinaken, geschält, geraspelt
500 g Seitanwurst
2 Knoblauchzehen, gepresst
5 EL Honig
3 TL Thymian, getrocknet

Die Pastinaken, den Knoblauch, den Honig und den Thymian in einer Schüssel gut zu einer Masse vermengen.

Auf eine Arbeitsfläche die Seitanwurst legen. Mit einem Löffel vorsichtig die Masse draufgeben. Zusammenrollen.

Auf dem Grill von allen Seiten für ca. 10 Minuten durchgaren.

# Veganer Grillgemüsesalat mit Belugalinsen und Sesamdressing

FÜR 4 PERSONEN
ZUBEREITUNGSZEIT: 30 BIS 40 MIN.
GRILLZEIT: 3 BIS 5 MIN.

ZUTATEN FÜR DEN SALAT:

500 ml Wasser
250 g Belugalinsen
100 g Zuckerschoten
100 g Haselnüsse
20 g Petersilie
10 Radieschen, halbiert
5 Kirschtomaten, halbiert
2 rote Zwiebeln, geschält und geviertelt
2 Möhren, längs halbiert
1 rote Paprika, in Streifen geschnitten
1 roter Mangold
½ Zucchini, in Scheiben geschnitten
Olivenöl
Salz und Pfeffer

ZUTATEN FÜR DAS DRESSING:

250 g Soja-Jogurt

3 EL Tahini
½ TL Knoblauchpulver
Salz und Pfeffer

Belugalinsen und Wasser in einen Topf geben und aufkochen. Danach die Hitze reduzieren und mit Deckel ca. 20-25 Minuten köcheln lassen (das Wasser sollte dann komplett eingesogen sein). Die Linsen erst nach dem Kochen salzen, damit sie nicht auseinanderfallen.
Den Gasgrill für direkte mittlere Hitze (180–230 °C) erhitzen.
Zwiebeln, Tomaten, Paprika, Zuckerschoten, Möhren, Zucchini und Radieschen mit Öl bestreichen. Gemüse mit Salz und Pfeffer würzen. Gemüse über direkter mittlerer Hitze bei geschlossenem Deckel 3–5 Min. grillen, bis sich Grillstreifen bilden.
Haselnüsse und Petersilie hacken. Roten Mangold klein schneiden. Joghurt, Tahini und Knoblauchpulver fürs Dressing zusammenrühren und mit Salz und Pfeffer abschmecken.
Das Grillgemüse, die gekochten Belugalinsen, gehackte Petersilie, Haselnüsse und Mangold in einer großen Schüssel vermengen. Das Sesamdressing darüberträufeln und sofort servieren.

# Feta am Spieß mit Zucchini und Paprika

Spieße sind immer eine clevere Option Gemüse auf den Grill zu zaubern. Ein bewährter und gern genossener Klassiker ist dabei sicherlich ein Käse-Gemüse-Spieß ... wir haben uns für die schmackhafte Kombination von Zucchini und Paprika mit griechischem Feta entschieden. Mit einer pfiffen Marinade, wird dieser zu einem wahren Renner auf ihrem Grillabend.

Zutaten für 2 Portionen:

200 g Feta
50 ml Olivenöl
5 ml Zitronensaft
10 g Oregano
150 g Zucchini
100 g rote Paprika

Zubereitung:
Wir schneiden den Feta in richtige dicke Würfel und legen diese in einer Marinade aus Oregano, Zitronensaft und Olivenöl ein. Am besten lassen wir diesen Mix über Nacht einziehen. Das verleiht dem Feta einen wirklich spannenden Geschmack. Jetzt gehts aber an die Spieße und dazu schneiden wir die Zucchini in dünne, längliche Scheiben, die wir, doppelt gewickelt, mit einem Stück Feta in der Mitte, auf dem

Spieß aufspießen. Die Paprika schneiden wir in mundgerechte Happen. Immer im Wechsel eine Zucchini-Feta-Rolle und ein Stück Paprika auf den Spieß. Einige Minuten auf dem Grill und köstlich heiß genießen.

# Ofenkartoffeln vom Grill

2 Personen

Zutaten:

5 große Backkartoffeln, in Würfel
1 Zwiebel, gehackt
3 Knoblauchzehen, gepresst
3 TL Margarine
1 TL Olivenöl
2 EL Petersilie, gehackt
Salz, Pfeffer
50 g Parmesan, gerieben

Zubereitung:

Kartoffeln schälen, würfeln und mit Zwiebeln, Salz, Pfeffer, Butter, Knoblauch und Olivenöl vermengen. Ein großes Stück Alufolie fetten und Kartoffeln einfüllen. Zu einem Päckchen zusammenlegen. Kartoffeln für zehn Minuten grillen und dann wenden. Weitere zehn Minuten grillen, bis die Kartoffeln weich sind. Päckchen öffnen und mit Käse und Petersilie bestreuen. Noch einmal für fünf Minuten auf den Grill legen, bis der Käse geschmolzen ist.

# Saftige Wildschweinkeule

Zutaten für 4 Portionen:

- 1,5 kg Wildschwein - Keule mit Knochen (Überläufer)
- 3 Knoblauchzehen
- einige Stiele Rosmarin
- einige Stiele Thymian
- 30 ml Whisky, (Chiliwhisky)
- etwas Meersalz, grobes
- etwas Pfeffer, frisch gemahlener schwarzer
- etwas Koriander, frisch gemahlen

Zubereitung:

1. Die Wildschweinkeule, parieren, dann 2 Taschen in die Keule schneiden und in die Taschen Gewürze, fein gehackten Knoblauch und reichlich Kräuter legen sowie etwas tollen Chiliwhisky hineinträufeln. Die Taschen mit Rouladennadeln verschließen. Die Keule außen mit etwas Chiliwhisky einreiben, salzen, pfeffern und etwas Koriandersaat darüber mahlen, mit Kräutern belegen und in Alufolie gut wickeln. Einige kleine Löcher hineinstechen und auf den vorgeheizten Gasgrill (mit Lavasteinen) legen. Deckel schließen und auf eine Temperatur von 150 - 175 Grad regeln. Nach 40-45 Minuten einmal wenden.
2. Nach rund 1,5 Stunden das Fleisch vom Grill nehmen, aus der Folie herausnehmen, die äußeren Kräuter entfernen und für maximal 5 Minuten je

Seite noch mal zum Verkrusten auf den heißen Grill bei offenem Deckel legen.

3. Das Fleisch sollte eine Kerntemperatur von 80, max. 85 Grad haben.
4. Dazu passen Perfekt Rosmarinkartoffelecken und Salat oder frische grüne Bohnen.

# Kräuterbutter mit Speck und Zwiebeln

Zubereitungszeit: 15 Minuten
Portionen: 4

Zutaten:

- 150 g weiche Butter
- 100 g Speck
- 1 Zwiebel
- ½ TL Paprikapulver rosenscharf
- ½ TL Paprikapulver edelsüß
- Meersalz und Pfeffer

Zubereitung:

1. Den Speck würfeln, die Zwiebel schälen und würfeln, beides in einer Pfanne anbraten und anschließend abkühlen lassen.
2. Dann alle Zutaten vermengen und mindestens 2 Stunden im Kühlschrank durchziehen lassen.

# Hackspieße mit Barbecuesauce

Zutaten

Für die Sauce:
1Zwiebel

6 ELKetchup

1 ELHonig

Thymian, fein gehackt

1 TLIngwer, gehackt

1Knoblauchzehen

1 ELBalsamico

1 TLgemahlenen Koriander

1 ELRapsöl

Salz und Pfeffer

Für die Spieße:
3Frühlingszwiebeln

1 m.-großeKarotte

600 ggemischtes Hackfleisch

2 ELSenf

1 ELPaprikapulver

2Eier

8 ELSemmelbrösel

2 ELgehackte glatter Petersilie

Salz und Pfeffer

12 Spieße

Zubereitung

Für die BBQ-Sauce:

- Die Zwiebel fein hacken, die Knoblauchzehe schälen und pressen. Zwiebel und Knobi mit Ketchup, Honig, Thymian, Ingwer, Balsamico, Koriander Rapsöl vermengen, mit Salz und Pfeffer abschmecken.

Für die Spieße:

- Frühlingszwiebeln in feine Ringe schneiden, Karotte schälen und fein würfeln. Bundzwiebel, Karotte, Hackfleisch, Senf, Paprikapulver, Eier, Semmelbrösel und Petersilie in einer großen Schüssel gut vermengen, mit Salz und Pfeffer abschmecken.
- Den Hackfleischteig gleichmäßig auf 12 Spieße verteilen und gut festdrücken. Auf dem heißen Grill

ca. 10 - 12 Minuten grillen, dabei öfter mit der Sauce bestreichen.

## Hackspieße mit Barbecuesauce

Zutaten
Für die Sauce:

1 Zwiebel
6 EL Ketchup
1 EL Honig
Thymian, fein gehackt
1 TL Ingwer, gehackt
1 Knoblauchzehen
1 EL Balsamico
1 TL gemahlenen Koriander
1 EL Rapsöl
Salz und Pfeffer
Für die Spieße:

3 Frühlingszwiebeln
1 m.-große Karotte
600 g gemischtes Hackfleisch
2 EL Senf
1 EL Paprikapulver
2 Eier
8 EL Semmelbrösel
2 EL gehackte glatter Petersilie
Salz und Pfeffer
12 Spieße

Zubereitung

Für die BBQ-Sauce:

- Die Zwiebel fein hacken, die Knoblauchzehe schälen und pressen. Zwiebel und Knobi mit Ketchup, Honig, Thymian, Ingwer, Balsamico, Koriander Rapsöl vermengen, mit Salz und Pfeffer abschmecken.

Für die Spieße:

- Frühlingszwiebeln in feine Ringe schneiden, Karotte schälen und fein würfeln. Bundzwiebel, Karotte, Hackfleisch, Senf, Paprikapulver, Eier, Semmelbrösel und Petersilie in einer großen Schüssel gut vermengen, mit Salz und Pfeffer abschmecken.
- Den Hackfleischteig gleichmäßig auf 12 Spieße verteilen und gut festdrücken. Auf dem heißen Grill ca. 10 - 12 Minuten grillen, dabei öfter mit der Sauce bestreichen.

# Pirzola

Zutaten:
1 kg Rack vom Lamm
Olivenöl
Salz
Zitronenthymian
Zimt
Knoblauch

Lammkoteletts türkische Art. Sie sind übrigens auch aus der Pfanne immer wieder ein Genuss, passen aber zum Grillen allemal.

Zubereitung:
Lammrack auf einem Schneidebrett ausbreiten, einzelne Kotelettstücke abtrennen, jeweils sanft etwas flachdrücken.
Fleisch mit Olivenöl und Gewürzen einreiben. In Frischhaltefolie einwickeln und ugf. zwei bis drei Stunden ziehen lassen.
Auf dem Grill ugf. 20 Minuten lang bei nicht zu großer Hitze braten.

# Karamellisierte Garnelen mit Honig

Meeresfrüchte gehören mittlerweile einfach auf den deutschen Grill. Karamellisiert in Honig sind die Garnelen ein wahrer Gaumenschmaus. Sie gelingen schnell und sind auch einfach in der Zubereitung.

Zutaten für 2 Personen:
250 g Garnelen
2 EL Honig
1/„ TL Senf
1/2 TL Knoblauchpulver
2 El Olivenöl
1 EL Balsamico Essig

Zubereitung:
Wir beginnen damit die Garnelen zu reinigen und die restlichen Zutaten in einer Schüssel zu vermengen. Dann lassen wir die Garnelen gute 30 Minuten in der angerührten Marinade einziehen. Auf den Spieß. Auf den Grill. Genießen!

# Hühnerschenkel mit süßer Marinade

4 Personen

Zutaten:

8 Hühnerschenkel
1 EL grobes Meersalz
2 EL brauner Zucker
1 TL Pfeffer
½ EL Hähnchengewürz

Marinade
155 g Zwetschgenmus
1 EL Sherry
1 EL Ingwer, klein gehackt
4 EL Sojasoße
2 EL Orangensaft, frisch

Zubereitung:

In einem Topf alle Zutaten für die Marinade vermengen und auf dem Seitenkocher des Grills einmal aufkochen lassen.
die Gewürze in einer Schüssel vermengen und die Schenkel damit einreiben.
Für 1 ½ Stunden die Schenkel bei mittlerer indirekter

Hitze mit der Haut nach oben auf den Grill legen, bis die Haut knusprig ist. 30 min vor Ende die Schenkel mit der Marinade einstreichen und weiter grillen. 5 Minuten vor dem Servieren ruhen lassen.

## Marinierte Rinderfiletsteaks mit grünen Bohnen

Zutaten für 4 Portionen:

- 4 Rinderfiletsteaks, je 300 g schwer, 3 cm dick, vom Roastbeef

- Zutaten für die Marinade:
- 500 ml Rinderbrühe
- 250 ml trockener Rotwein
- 1 Zwiebel, feingewürfelt
- 2 EL Tomatenmark
- Olivenöl

- Meersalz
- schwarzer Pfeffer

- Zutaten für die Bohnen:
- 800 g grüne Bohnen, TK
- 3 Knoblauchzehen
- Olivenöl
- Kräuter der Provence oder nach Geschmack

- Meersalz
- schwarzer Pfeffer

Zubereitung:

1. Die Zutaten für die Marinade (außer Salz, Pfeffer und Olivenöl) in einer Aufflaufform oder flachen Schüssel verrühren, bis sich das Tomatenmark komplett aufgelöst hat. Die Steaks darin einlegen,

sie sollten vollständig mit der Flüssigkeit bedeckt sein. Für 3 Std. kalt stellen.

2. Den Grill vorbereiten. Die Temperatur sollte 250° bis 290°C betragen. Am besten mit einem Grillthermometer prüfen.
3. Die Steaks aus der Marinade nehmen und trockentupfen. Marinade wegschütten. Die Steaks dünn mit Öl bestreichen und gleichmäßig mit Meersalz und Pfeffer würzen. Für 20 Min. stehen lassen, damit das Fleisch Zimmertemperatur annimmt.
4. Die Steaks auf den Grill legen und mit geschlossenem Deckel ca. 8 - 12 Min. bis zum gewünschten Gargrad grillen, dabei 2x wenden. Je dicker die Steaks sind desto länger brauchen sie auch. Wenn der Gargrad erreicht ist vom Grill nehmen, in Alufolie einwickeln und nochmal 5 - 8 Min. ruhen lassen.
5. Für die Bohnen Wasser in einem großen Topf zum Kochen bringen, leicht salzen, die Bohnen darin garen. In der Zwischenzeit den Knoblauch putzen und in grobe Stücke schneiden. Olivenöl in einer Pfanne erhitzen und den Knoblauch darin anbraten. Wenn die Bohnen gar sind, abseihen, abtropfen lassen und zum Knoblauch geben. Mit Salz, Pfeffer und Kräutern der Provence oder anderen würzen.
6. Dazu schmeckt eine Pfefferrahmsoße und Kroketten ausgezeichnet.

# Tomatensalat

Zubereitungszeit: 15 Minuten
Portionen: 4

Zutaten:

- 500 g Cherrytomaten
- ½ Bund Basilikum
- 200 g körniger Frischkäse
- 2 EL Weißweinessig
- 2 EL Olivenöl
- 4 EL gehackte Rauchmandeln
- Meersalz und Pfeffer

Zubereitung:

1. Die Tomaten säubern und halbieren, den Basilikum säubern und hacken.
2. Anschließend alle Zutaten vermengen.

# Tofu - Spieße

Zutaten

250 gTofu
10 ELSojasauce
1 1/2 TLTofu-Gewürz, gibt es im Reformhaus)
1 TLGaram-Masala Gewürzmischung
1 TLgemahlener Ingwer
1 TLChili - Flocken
150 gKirschtomaten
Paprikapulver
Pfeffer

Zubereitung

- Schneiden Sie den Tofu in Würfel schneiden (ca. 1,5 x 1,5 cm groß) und geben Sie ihn in eine Schüssel mit Deckel.

- Dann die anderen Zutaten (außer den Tomaten) dazugeben. Mit dem Paprika-Pulver bitte sparsam umgehen, da er beim Grillen sonst bitter wird!
- Schließen Sie den Deckel und schütteln Sie vorsichtig drauf los, bis sich alle Zutaten vermischt haben.
- Den Tofu ca. 2 - 3 Stunden marinieren lassen. Anschließend abwechselnd mit den Tomaten auf Holzspieße aufspießen und zu guter Letzt grillen.

# Gegrillter Spargel

Zutaten
1 kg grüner oder weißer frischen Spargel (250g pro Person)
Estragon oder Salbei
Sesamöl
grobes Meersalz
Pfeffer

Zubereitung

- Den Spargel in doppelt ausgelegte Alufolie legen.
- Jeweils einige Tropfen Sesamöl auf die Spargelstangen geben.
- Nun Estragon oder Salbei, grobes Meersalz und Pfeffer auf den Spargel geben.
- Die Alufolie zum einem „Bonbon“ einschlagen und verschließen.
- Anschließend auf den heißen Grill legen und ca. 25 Minuten grillen lassen. Der Spargel ist gut, wenn sich die Spargelpäckchen leicht biegen lassen.

Tipp: Viele verschiedene Variationen sind hier möglich - z.B. etwas Himbeeressig bzw. Balsamico auf den Spargel tropfen. Oder mit Chili und getrockneten Tomaten grillen, dann mit Salbei und Zitrone abschmecken.

# Joghurtsoße mit Minze und Knoblauch

Zutaten:
100g Joghurt
1 EL Zitronensaft
1 Knoblauchzehe
1 Zweig Minze
Salz
Pfeffer

Frisch und sommerlich, harmoniert bestens mit allem möglichen Grillgut, verträgt sich aber wohl am besten mit Köfte und Kebap.

Zubereitung:
Knoblauch schälen und pressen. Minze waschen und in feine Streifen hacken.
Mit Joghurt und Zitronensaft vermischen, Salz und Pfeffer nach Geschmack hinzugeben. Gut umrühren und servieren.

# Shrimps am Spieß mit Zitrone und Chili

Diese kleinen Meerestiere dürfen beim Grillen einfach nicht fehlen. Doch wie sollen sie nur zubereitet und gewürzt werden? Ihnen gehen die Ideen aus? Dann spießen Sie ihre Garnelen doch auf den Spieß und würzen sie mit unserer leckeren Marinade aus Chili und Zitrone. Saftig. Feurig. Einfach gut!

Zutaten für zwei Personen:
12 Black Tiger Shrimps
1 Limette
2 El Zitronensaft
1 El scharfe Chilisauce
1/2 EL Ingwer
1 Knoblauchzehen
1 El Koriander, gemahlen
1/2 EL Sojasauce
1/2 El Honig

Zubereitung:
Für die Marinade werden sämtliche Zutaten miteinander vermengt. Dann können die Tiger Shrimps in diese Marinade eingelegt werden ... und zwar für gute 30 Minuten. Wer mehr Zeit hat, lässt die Shrimps einfach länger ziehen. Das bringt noch mehr Aroma. Dann heißt es, Shrimps aufspießen und bei mittlerer

Grillhitze die Shrimps für zwei bis drei Minuten je Seite grillen lassen. Genießen!

## Gemüse mit Rinder Steak ,Salat und Blauschimmelkäse-Vinaigrette

4 Personen

Zutaten:

450 Rindersteak
20 g Olivenöl
1/2 TL Knoblauchpulver
3/4 TL Salz
1/2 TL schwarzer Pfeffer
2 mittlere gelbe Kürbis, in Längsrichtung halbiert
2 rote Zwiebel, in Scheiben
1 rote Paprika, geviertelt
1 1/2 EL Weißwein Essig
1/8 TL Zucker
20 g Blauschimmelkäse, zerbröckelt
60 g Tomaten, halbiert

Zubereitung:

Erhitzen Sie eine Grillpfanne auf mittlerer Hitze. Das Steak mit 1 EL Öl; beträufeln, mit Knoblauchpulver, 1/4 TL Salz und 1/4 TL Pfeffer einreiben. Steak in die Pfanne geben; 4 Minuten auf jeder Seite anbraten, danach auf ein Schneidebrett legen. Kürbis, Zwiebel und Paprika in eine große Schüssel geben. 1 EL Öl, 1/4 TL Salz und 1/8 TL Pfeffer dazugeben und vermengen. Gemüse auf der Grillpfanne anrichten 4 Minuten kochen lassen. Wenden und weitere 2 Minuten kochen lassen, danach in mundgerechte Stücke schneiden. Vermenge die restlichen 2 EL Öl, restliche 1/4 TL Salz, restlichen 1/8 TL Pfeffer, Essig, Zucker und Käse. Legen Sie das Gemüse, die Tomaten auf 4 Teller. Das Steak in dünne Scheiben schneiden und darüber die Vinaigrette.

# BBQ Garnelen in Honig-Senf-Sauce

Zutaten für 4 Portionen:

- 1 kg Riesengarnelen
- 8 EL Ahornsirup (alternativ: Honig)
- 2 EL Senf, mittelscharfer
- 2 EL Tomatenmark
- 4 EL Sojasauce
- 2 TL gestr. Chilipulver
- 2 TL Oregano
- 2 TL gestr. Paprikapulver, süß
- 4 TL gestr. Knoblauchpulver
- 2 EL Öl
- 2 EL Essig oder Balsamico
- Salz und Pfeffer

Zubereitung:

1. Die Garnelen waschen. Alle restlichen Zutaten miteinander vermischen und glatt rühren und die rohen Garnelen darin etwa 30 Minuten ziehen lassen.
2. Nun die Garnelen auf Spieße sorgfältig aufspießen.
3. Danach die Garnelen unter Beobachtung bei hoher Hitze grillen.
4. Mit Reis, Baguette, Pasta oder zu einem Salat servieren.

# Maissalat

Zubereitungszeit: 20 Minuten
Portionen: 4

Zutaten:

- 200 g Mais
- 2 Tomaten
- 1 rote Zwiebel
- 1 rote Paprika
- ½ Bund Petersilie
- 2 EL Orangensaft
- 2 EL Balsamicoessig
- 2 EL Olivenöl
- 100 g Tortilla-Chips
- Meersalz und Pfeffer

Zubereitung:

1. Die Zwiebel schälen und hacken, die Tomaten, Paprika und Petersilie säubern, Petersilie hacken und die Tomaten und Paprika würfeln.
2. Anschließend alle Zutaten bis auf die Chips vermengen.
3. Den Salat mit Chips garniert servieren.

# Veganes Grillsteak

Zutaten

Für den Kochsud

2 lWasser
4Sojasteaks
3 ELGemüsebrühepulver
2 ELPaprikagewürz, edelsüß
Etwas Salz
frisch gemahlen Pfeffer

Für die Marinade

Salz
Bratöl
Paprikagewürz, scharf
Sojasoße

Paprikagewürz, edelsüß
Pfeffer, frisch gemahlen
Petersilie (optional)
Gewürzmischung (optional)
Sojamehl (optional)
Chilipulver (optional)
Bohnenkraut (optional)

Zubereitung

Erst den Kochsud

- Bringen Sie 2 l Wasser mit Gemüsebrühepulver und eventuell weiteren Gewürzen zum Kochen. Die Brühe muss überwürzt sein.
- Lassen Sie nun die Sojasteaks darin ca. 15 Minuten köcheln, bis sie weich sind.
- Anschließend die Steaks mit Krepppapier gut trocknen.

Nun die Marinade (die schnelle Variante)

- Die Steaks mit Gewürzen (z.B. Salz, Pfeffer, Paprika edelsüß und scharf, Zwiebel, Knoblauch, Bohnenkraut und/oder mit fertiger Gewürzmischung) bestreuen und diese einreiben.
- Sojasauce darüber geben und wieder einreiben.

- Nun genügend Bratöl darüber geben und nochmal einreiben.
- Dann die Steaks wenden und von der anderen Seite genauso würzen.
- Anschließend braten oder grillen Sie die Steaks.

Die „Ich-habe-Zeit-Variante"

- In einer Schale mit großer Fläche eine Marinade anrühren aus Bratöl, etwas Sojasauce, Sojamehl und diversen Gewürzen (sehr viel: Paprika edelsüß, viel: Paprika scharf, Pfeffer, Salz, Chili, Zwiebel, Knoblauch, etwas weniger: Cumin, Majoran, Oregano, Petersilie) oder fertige Gewürzmischungen (Gyros, Steak, Gulasch, Barbecue, Chili sin carne etc).
- Die Steaks darin am besten ganz bedeckt mit Öl darin einlegen. Je geringer die Menge Öl, desto öfter macht es Sinn, die Marinade umzurühren und die Steaks zu wenden.
- Je länger die Steaks darin liegen, desto besser ziehen sie durch.
- Die Steaks nun 1-2 Tagen ziehen lassen, dann sind sie optimal.

# Gefüllte Paprika

Zutaten für 4 Portionen:

- 2 Paprikaschoten
- 2 Tomaten
- 1 Bund Lauchzwiebel
- 100 g Schafskäse
- Kräuter, frische nach Belieben
- Salz und Pfeffer

- Chilipulver

Zubereitung:

1. Die Paprika gut abwaschen, halbieren und das Kerngehäuse entfernen.
2. Tomaten, Lauchzwiebeln und Schafskäse klein schneiden und mit den Gewürzen vermischen. Dieses dann in die Paprikahälften füllen.
3. Die Paprika möglichst am Rand des Grillrostes legen oder einfach mit indirekte Hitze grillen, damit die Paprika von unten nicht verbrennt.

# Gemischte Spieße

Zubereitungszeit: 45 Minuten
Portionen: 4

Zutaten:

- 1 Zucchini
- 8 getrocknete Aprikosen
- 2 Zwiebeln
- 2 rote Chilischoten
- 300 g gemischtes Hack
- 1 TL Honig
- Meersalz und Pfeffer
- Spieße

Zubereitung:

1. Die Zucchini säubern und in grobe Stücke schneiden, die Zwiebel schälen und vierteln, die Chilischote hacken.
2. Nun das Hackfleisch mit dem Honig, Chili und Gewürzen vermengen.
3. Jetzt abwechselnd Zucchini, Aprikose, Zwiebeln und Hackfleisch auf Spieße geben und grillen.

# Gegrillte Avocado

Zutaten

300 gTomaten
1 TLTabasco
2 ELWorcestersauce
5 ELOlivenöl
4 StieleKoriandergrün
2Avocados
1/2Limette, den Saft davon
Salz und Pfeffer
Zucker

Zubereitung

- Schneiden Sie die Tomaten in kleine Würfel.
- Tabasco, Worcestersauce und 4 EL Olivenöl verrühren, mit Salz und 1 Prise Zucker würzen. Koriandergrün grob hacken und untermischen.

- Die Tomatenwürfel nun in die Sauce geben.
- Die Avocados längs halbieren und den Kern entfernen.
- Die Avocadohälften mit Limettensaft und 1 EL Öl bestreichen, salzen und pfeffern.
- Mit der Schnittfläche nach unten auf den nicht zu heißen Grill (oder Grillpfanne) legen und 4-5 Minuten grillen, wenden und mit den Tomatenwürfeln servieren.

# Veganes Steak nochmal anders

Zutaten
12 Soja - Steaks
0,5 L Bier
400 ml Pflanzenöl
2 Zwiebel
4 EL Senf
2 Zehen Knoblauch
Rosmarin
Pfeffer
rosenscharfes Paprikapulver
edelsüßes Paprikapulver
Muskat
Zucker
Chili
Eventuell Kräuter nach Wahl
nach Bedarf Gemüsebrühe

Zubereitung

- Die Sojasteaks 1/2 Stunde in sehr starker Gemüsebrühe kochen. Sie können die Brühe ruhig fast doppelt so stark machen, wie auf der Verpackung angegeben ist.
- Schälen Sie nun bitte die Zwiebeln und den Knoblauch und schneiden beides in kleine Würfel.
- Nun zur Marinade: Dafür vermischen Sie die übrigen Zutaten in einer Schüssel. Bitte verwenden Sie kein

Salz, da die Gemüsebrühe bereits ausreichend gesalzen ist.

- Wenn die Steaks fertig sind, (sie sind dann weich und lassen sich leicht schneiden) gießen Sie die Gemüsebrühe ab. Dann jeweils ca. 250 ml von der Marinade in einen Gefrierbeutel geben und 3 noch heiße Steaks hineinlegen.
- Jetzt 24 Stunden im Kühlschrank ruhen lassen oder als Vorrat einfrieren.
- Vor dem Grillen auftauen (oder aus dem Kühlschrank nehmen) und dann wie ganz normale Steaks grillen.

Marinade anders:

- In einer Schale mit großer Fläche eine Marinade anrühren aus Bratöl, etwas Sojasauce, Sojamehl und diversen Gewürzen (sehr viel: Paprika edelsüß, viel: Paprika scharf, Pfeffer, Salz, Chili, Zwiebel, Knoblauch, eher weniger: Cumin, Majoran, Oregano, Petersilie).
- Die Steaks darin ganz bedeckt mit Öl einlegen.
- Je geringer die Menge Öl, desto öfter macht es Sinn, die Marinade umzurühren und die Steaks zu wenden. Je länger die Steaks darin liegen, desto besser ziehen sie durch.
- Wer es eilig hat, kann sie nach ein paar Stunden braten oder grillen. Wer Zeit hat, kann sie 1-2 Tagen ziehen lassen, dann sind sie optimal.

- Jetzt in die Pfanne oder auf den Grill.

## Chili-Orangen-Grillhähnchen

Zutaten:
2 kleine Grillhähnchen
4 unbehandelte Orangen
Salz
Pfeffer
300 ml süße Chilisauce
ugf. 250ml Orangensaft

Wer die Kombination aus Süßem und Scharfem mag, ist mit diesem Rezept bestens bedient. Unbedingt mit indirekter Hitze im Kugelgrill zubereiten, da die Garzeit sehr lange beträgt. Passt gut zu Maisbrot.

Zubereitung:
Hähnchen gut mit Salz und Peffer einreiben und in einen großen Gefrierbeutel bzw. eine abschließbare Tupperbox o.ä. geben. Orangen halbieren und den Saft über die Hähnchen auspressen, ausgepresste Schalen zu den Hähnchen in den Beutel legen. Mit Chilisauce und Orangensaft begießen, Beutel abschließen und etwas durchkneten, damit sich alles gut vermischt und verteilt. Anschließend über Nacht, mindestens aber 4 Stunden im Kühlschrank ziehen lassen. Grill auf indirekte Hitze

vorbereiten. Hähnchen auf Grill geben, den Deckel schließen und 50 bis 60 Minuten lang garen lassen, bis die Temperatur in der Brust über 70°C erreicht.

## Entenbrust und Nuss

Ente auf dem Grill ist immer eine wahre Freude ... das Fleisch ist kräftig, würzig und einfach lecker. Da braucht man nicht mehr viel zu machen, um sich kulinarisch verwöhnen zu lassen ... oder etwa nicht? Sie suchen nach dem Extrakick für Ihren Grillabend? Dann verpassen Sie ihren Entenbrüsten eine knusprige nussige Kruste. Wie? Das erfahren Sie hier.

Zutaten für zwei Personen:
2 Entenbrüste je 200 g
40 g Butter
1 Ei
20 g Semmelbrösel
20 g gehackte Walnüsse
1/2 Tl Currypulver
Salz, Pfeffer zum Abschmecken

Zubereitung:
Unsere Butter sollte Raumtemperatur haben. Denn dann können wir sie besonnen schaumig schlagen und mit den Semmelbröseln, dem Ei und den gehackten Walnüssen vermengen, sowie im Anschluss mit Salz und Pfeffer abschmecken. Jetzt bleibt es nur noch, die

Fetthaut der Entenbrust abzuschneiden und die Oberseite ebenfalls mit Salz und Pfeffer zu würzen. So vorbereitet wird die Ente erst mal je Seite für zwei Minuten angegrillt. Dann streichen wir unsere Nussmarinade auf die Oberseite der Entenbrüste und lassen diese so für weitere 10 Minuten grillen. Einfach köstlich! Einfach unbeschreiblich gut!

# Tomaten Burger

6 Portionen

Zutaten:

450 g Rinderhackfleisch
1 EL. Worcestersauce
Salz und gemahlener schwarzer Pfeffer
6 kleine Tomaten, halbiert
1 EL Miracle Whip, Mayonnaise, so leicht
Salat zum Servieren
Gelber Senf zum Servieren
Käse nach Geschmack (leicht)

Zubereitung:

Grill auf mittlere Hitze erhitzen. In einer großen Schüssel Rinderhackfleisch und Worcestersauce vermischen und mit Salz und Pfeffer würzen. Formen Sie aus der Rindfleischmischung kleine Pattys (die zur Größe Ihrer Tomaten passen). 3 Minuten pro Seite grillen. Mit Käse bedecken, den Grill schließen und kurz schmelzen lassen. Mayonnaise auf die untere Tomatenbrötchen und oben mit Salat und einem Patty. Mit Senf beträufeln und Servieren

# Cajun-Gewürzmischung

Zutaten:

- 6 EL Salz
- 4 EL Paprikapulver, edelsüß
- 2 EL Knoblauchpulver
- 2 EL Oregano
- 2 EL Pfeffer, weißer (frisch gemahlen)
- 2 EL Cayennepfeffer
- 2 EL Thymian
- 2 EL Zwiebelpulver
- 2 EL Pfeffer, schwarzer (frisch gemahlen)

Zubereitung:

1. Der Reihe nach vorsichtig die Zutaten in ein Glas (ca. 150-200 ml - je nach Löffelfüllung) einschichten:
2. 2 EL Salz, 2 EL Paprika edelsüß, 2 EL Knoblauchpulver, 2 EL Oregano
3. 2 EL weißer Pfeffer (frisch gemahlen), 2 EL Cayennepfeffer, 2 EL Salz
4. 2 EL Thymian, 2 EL Zwiebelpulver, 2 EL Paprika edelsüß, 2 EL schwarzer Pfeffer (frisch gemahlen), 2 EL Salz.

# Fruchtige Hähnchenspieße

Zubereitungszeit: 1 Stunde und 25 Minuten
Portionen: 4

Zutaten:

- 1 Mango
- 1 Papaya
- 1 Zwiebel
- 1 rote Chilischote
- 400 g Hähnchenfilet
- 2 EL Rapsöl
- 1 EL Honig
- Meersalz und Pfeffer
- Spieße

Zubereitung:

1. Die Mango und die Papaya schälen, entkernen und in mundgerechte Stücke schneiden, die Zwiebel schälen und achteln, die Chilischote hacken.
2. Nun das Fleisch säubern, abtupfen und in mundgerechte Stücke schneiden.
3. Anschließend alle Zutaten vermengen, etwa eine Stunde ziehen lassen und anschließend auf Spießen auf den Grill geben.

# Fetapfanne vom Grill

Zutaten

2-4 Pck.Schafskäse (Feta)
8Knoblauchzehen
6 ELOlivenöl
2Tomaten
1Zwiebeln
1Lauchzwiebeln
Pfeffer

Zubereitung

- Streichen Sie eine Alu-Grillschale mit Olivenöl aus.
- Auf den Boden wird gehackter Knoblauch (3- 4 Zehen) gestreut.
- Je nach Größe der Aluform, 2 -4 Schafskäse vierteln und in die Aluform legen.
- Den Schafskäse mit Olivenöl dünn bestreichen. Dann vorsichtig mit Pfeffer würzen. Falls sie den Käse salzen möchten, seien Sie bitte vorsichtig, denn der Schafskäse ist schon sehr salzig.
- Die Tomaten in Scheiben schneiden und auf den Käse verteilen.
- Die Zwiebeln, ein paar Lauchzwiebelringe und noch einmal 4- 5 Knoblauchzehen fein hacken und auf den Schafskäse verteilen.

- Alles mit Olivenöl beträufeln. Zum Schluss wird die Form mit Alufolie verschlossen.
- Das ganze nun für ca. 10 Minuten auf den Grill.

## Gegrillte Zucchini mit Minze

Zutaten
3 Zucchinix
1 Handvoll frische Minze
erstklassiges Olivenöl
grobes Meersalz

Zubereitung

- Die Zucchini waschen und die Endstücke abschneiden.
- Anschließend längs in dünne Scheiben schneiden.
- In eine heiße Grillpfanne etwas Olivenöl geben und die Zucchinischeiben hineinlegen und ca. 5 Minuten braten, bis sie leicht glasig sind und ein wünschenswertes Grillmuster haben. Das dauert etwa 5 Minuten von jeder Seite.
- Die Zucchini nun in eine eckige Form legen. Wenn eine Schicht fertig ist, diese mit grobem Meersalz bestreuen und ein paar Minzblätter darauflegen.
- Nach und nach die übrigen Zucchinischeiben grillen und in der Form schichten. Am Ende noch ein paar dekorative Minzblätter oben drauflegen und einen guten Schuss feines Olivenöl darüber verteilen.
- Etwas abkühlen lassen, dann mit Folie abdecken und über Nacht in den Kühlschrank stellen.

- Ca. 1 Stunde vor dem servieren aus dem Kühlschrank nehmen.

CPSIA information can be obtained
at www.ICGtesting.com
Printed in the USA
BVHW040908100621
609274BV00013B/2836